-HERB CURRY-

やさしい！さわやか！新感覚！

ハーブカレー

水野仁輔

僕はなぜ、
ハーブカレーに
魅了されたのか？

ずっとスパイスを使ってカレーを作ってきた。
かれこれ25年以上になるのかな、
スパイスでカレーを作りながら、
もっとカレーはおいしくなるはずだ、と思いながら、
試行錯誤を繰り返す日々の中で、ふと閃いた。

スパイスでおいしいカレーが作れるんだから、
ハーブでもカレーはおいしくなるはずだよな。

きっとこのアイデアはうまくいくはず。
はっとしたあのときの気持ちを今も覚えている。
ずいぶん短絡的な発想なのだけれど、確信があったのだ。
ハーブと付き合う日々が始まり、改めて実感したことがある。

ハーブって、やさしくて、さわやかで、いい香り！

畑で新鮮なハーブを摘んでいると、
心地よくて思わず目を閉じる。
自宅でハーブを乾燥させていると、
隣に布団を敷いて眠りたくなる。
鍋にハーブをどっさり加えると、
自分自身も一緒に飛び込みたくなる。
これ、ホントです。

カレーを作り始める前に、
ハーブにハマってしまったというわけ。
手に入れられるハーブは
スパイスほど種類が多くなかった。
ハーブはスパイスと違って
ベランダで簡単に育てることができた。
新しいハーブを知り、ハーブのことを学び、ハーブと戯れる。

ハーブの脳内濃度を存分に高めた上で、
カレーに手を出したのだ。

僕はこれまで使ってきたスパイスをハーブに置き換えて、
せっせとカレーを作った。
何をしてもカレーはおいしくなった。
想像した通りだった。
やっぱりね。
予想外のことも見つかった。
シンプルな作り方で、短時間で、できる。
そんなカレーのことを
僕は「ハーブカレー」と名づけたわけ。
そして、みなさんにも
体験してもらいたくなったわけです。

ハーブカレーって、
やさしくて、さわやかで、
新感覚!

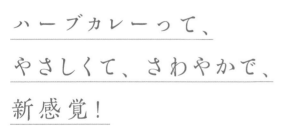

僕はこのおいしさをたくさんの人に知ってもらいたくなった。
それからというもの、
ハーブカレーを作ってはSNSにアップし続けた。
すると、仲のいい友人がひとり、ツッコミを入れた。
「おいしそうだけれど、それってタイカレーと何が違うの?」

おっと、その疑問はいつか来ると思っていたぜ。
確かに僕が当時作っていた
ハーブカレーのソースは薄い緑色。

食べたことのない人が見た目だけで
想像したらタイカレーそのもの。
ご名答。ハーブカレー着想の原点は
タイのグリーンカレーだったのだ。

市販のタイカレーペーストでも
"普通においしく"作れるのだけれど、
自家製ペーストのグリーンカレーなら
"さらにおいしく"なってしまう。
スパイスの代わりにハーブを取りそろえ、
ミキサーに入れてガーッと回す。
好きな具と一緒にココナッツミルクやナンプラーと煮込む。

"普通にうまいカレー"ではなく、
"さらにうまいカレー"でもなく、
まだ見ぬ
"とんでもなくうまいカレー"に
進化させたい!

おおいに欲張った結果、
ペースト以外の方法にもたどり着いた。
チョップしたり、ホールのまま使ったり、ドライを活用したり。
各種発酵調味料に助けてもらったりもした。
ときにはココナッツミルクに頼らないことを決断してみたり。

やればやるほどハーブカレーは見たことのない姿に変身し、
想像を超えた味わいを披露してくれたのだ。

これからはハーブカレーの時代がやってくるに違いない。

僕は静かに盛り上がり、そして調子にも乗ったよね。
得意のスパイスカレーをアレンジすることとも考えた。
鍋の目を盗んでスパイスをハーブにすり替えてみたり、
ハーブの裏側にカレー粉をしのばせてみたりもした。

さまざまな試みもハーブカレーは受け止めてくれたのだ。

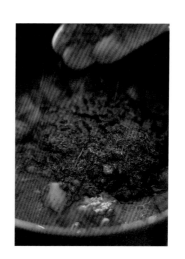

ハーブカレーは、
自由で、簡単で、おいしい。

ハーブカレーの時代は、すぐ来るかもしれないし、
10年後に遅れてやってくるかもしれないし、来ないかも?
ハーブカレーの未来のためには、みなさんの協力が必要です。

以後、お見知りおきを。

水野仁輔

-HERB CURRY-
CONTENTS

METHOD -1
ハーブを刻んで入れる

METHOD -2
ハーブペーストを作る

【調理の前に知っておきたいこと】

＊大さじ1は15㎖、小さじ1は5㎖、1カップは200㎖です。

＊長ねぎ（白い部分）1本は100g換算です。特に表記のない場合は、白い部分のみを使います。
　　青い部分はブイヨンに使うほか、炒めものなどに入れるとおいしいです。捨てずに使ってください。

＊しょうが、にんにく1片は各10g換算です。

＊植物油と記載しているものは、ふだんお使いの油で結構です。僕は米油をよく使います。

＊皮をむく、ヘタを取るなどの基本的な下ごしらえの記載は省略しています。

ハーブカレーとは
「ハーブが主役」の
カレーです。

カレーを作るのにハーブをどっさり使うだなんて、経験のない人がほとんどだと思います。そもそも考えたこともないんじゃないでしょうか。堂々と豪快にハーブを使う。作ってみてください。「こんなにたくさん入れていいの?」ときっと驚くはず。ハーブカレーですから。ハーブが主役なんですから。

ただ、入れるにも手法がいろいろとあるんですね。その結果、それぞれに個性豊かな香りが生まれて、カレーのバリエーションを広げてくれます。材料も作り方も新鮮です。料理に慣れていない人でも、自宅にあるものでちょっと空いた時間があれば作れます。ハーブさえあれば。

スパイスカレーとの違い

本格カレーの代表的存在である「スパイスカレー」と比べて何がどう違うのか？ ハーブカレーのポイントを簡潔にまとめてみました。

食材

〈玉ねぎ〉が なくても作れる	〈スパイス〉が なくても作れる	〈トマト缶〉が なくても作れる
スパイスカレーを作るには、「じっくり時間をかけて玉ねぎを炒める」ことが必須。ですが、本書のハーブカレーはそもそも玉ねぎを使いません！ その代わりに長ねぎを使うのですが、切るのも簡単、炒める時間も圧倒的に短くてすむのです。	スパイスカレーは、スパイスを複数組み合わせるのがポイント。ですが、ハーブカレーはハーブが主役なので、香りの要素をスパイスに頼らなくてもいいのです。だから、スパイスは一切使わないか、使っても市販のカレー粉のみで十分。	スパイスカレーに欠かせない食材のひとつがトマト缶。ですが、ハーブカレーはトマト缶を使わず、ココナッツミルクやヨーグルト、発酵調味料などを使い分けます。これまでのカレーとは違った味わいが楽しめ、新しい世界が広がります。

調理

調理時間が 圧倒的に短い	工程が 驚くほどシンプル
先に述べた通り、玉ねぎの代わりに長ねぎを使い、こんがりするまで数分炒めるだけなので、炒める時間が圧倒的に短く、次の工程に進めます。さらに煮込み時間もスパイスカレーに比べて断然短く、多くのレシピが30分程度で完成します。	本格的なスパイスカレーは、工程が複雑で初心者にはちょっとハードルが高いものも多いですが、本書のハーブカレーはとっても簡単。基本は、材料を順番に炒めて煮るだけなので、料理が苦手な人でも気軽にトライできます。

実は、スパイスカレーよりハードルが低い！

ハーブとスパイスってどう違うの？

スパイスもハーブもどちらも香りを楽しむ食材。別々のカテゴリーだと思うかもしれませんが、実はスパイスの中にハーブが含まれます。スパイスは実も種も葉も含みますが、ハーブはその中でも「葉」を楽しむもの。そう考えれば、どちらも料理を作る上では同じ役割を果たしているといえます。

ハーブカレー、5つの作り方

本書のハーブカレーには、5つの作り方があります。
切り方や入れるタイミングによって、同じハーブカレーでもまったく違う味わいに。

Chopped 1 *Herb*

ハーブを刻んで入れる

ハーブは包丁で刻んだそばから想像を超える香りを放ち始めます。その場の空気を一瞬で変えてしまうような強い香りに酔いしれてください。そんなハーブたちを、カレーが仕上がる手前で鍋に豪快に加えるのが「チョップ」の手法。混ぜ合わせながら香りを閉じ込める。肉や野菜、魚介類の風味になじんだハーブが再び蘇るのは、食べるとき。口の中で生まれるハーブの香りを楽しみにしてください。

Pasted 2 *Herb* ハーブペーストを作る

ハーブをミキサーやブレンダーでペーストにして、カレーにする。あれ？　何か知っている
カレーを思い出しませんか？　そう、まるでタイのグリーンカレーのよう。タイカレーの緑
色は主に青唐辛子によるものですが、ハーブカレーの緑色はハーブの色。「ペースト」の
手法では、フレッシュでちょっと刺激が強すぎるかもしれないハーブが、やさしく穏やかに、
でもさわやかに変身するんです。ハーブカレーマジック。

Ready 3 *Made* 市販の カレーペーストを使う

ペーストを作るのが難しい人は、市販の
ペーストを使っても（商品の紹介はp.67）。
ただし、手作りしたフレッシュなハーブペ
ーストとは別ものと考えましょう。

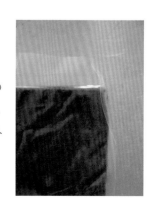

Whole **4** *Herb*

ハーブをそのまま入れる

ハーブは刻んだりすりつぶしたりして形状を壊していくと香りが強まる性質を持っています。でも、常に香りが強ければいいってものでもありません。そこはかとなく、でもカレー全体を特徴づけるような香りを生むためには、ハーブをそのまま入れる「ホール」の手法が適しています。手にしたハーブを丸のまま鍋に放り込むだけ。タイミングは作るカレーによって使うハーブによってさまざまですが、最もシンプルなハーブの使い方だといえます。

乾燥したハーブの香りはあなどれ
ません。フレッシュな香りとはまた
違った趣があるからです。控えめ
ながら余韻が長引く感じ。特に食
べている途中に鼻から抜けていく
香りには、ハッとするかもしれませ
ん。そのまま加えるよりも少し乾煎
りしたり手でもんだりすることで、
香りを生み出す準備が整います。
「ドライ」の手法では、温かい油
とハーブを融合させて香りを膨ら
ませるプロセスをレシピに入れ込
んでいます。

ハーブカレー、おいしさの土台を作る
主役のハーブ×隠し味の発酵調味料

ハーブカレーはもちろん、ハーブが香りのカギを握りますが、
コクやうまみを底上げするために発酵調味料を隠し味に加えています。

ハーブについて

ハーブは分類としてはスパイスに含まれる存在。だから、料理や食材に「香りづけ」をするのが最も大切な役割となります。葉の種類や形状によって香りが違い、適した調理方法も変わります。食べられるものとそうでないもの、細かくするのに適しているものとそうでないもの。それぞれの特徴を生かしてレシピを開発しました。カレーにおける未体験の香りを堪能できるはず。ハーブの可能性を体感してください。

発酵調味料について

ハーブにはちょっとだけ弱点があります。「香りづけ」には活躍しますが、「味つけ」という作用は持っていないという点です。だからこそカレーに使う素材の持ち味を引き立てることができるんですけれど。ちょっとだけ味を深めるためのアイテムがあるとさらにおいしくなる。ハーブと相性のいい味つけアイテムは、発酵調味料です。割と身近にあるしょうゆやみそ、塩こうじなどが合う。不思議なおいしさと出合えます。

METHOD

-1-

ハーブを刻んで入れる

Chopped Herb

Chopped Herb Curry

豚ひき肉 × ミント
のドライカレー

ミントは香りが強いから少量だけ……と言わずに、
思いっきりたっぷり入れてみると、意外とちょうどいい。
ざく切りにしたハーブを仕上げに混ぜるだけ。
辛さより香りが立つ、これがハーブカレーの出発点。

材料（3〜4人分）

豚ひき肉（あれば粗びき）──500g
長ねぎ（厚い小口切り）──2本
にんにく（すりおろす）──1片
しょうが（すりおろす）──2片
パイナップル（さいの目切り）──100g
ミント──2パック（24g）
植物油──大さじ2
カレー粉──大さじ2
塩こうじ（塩分濃度約10％のもの）──大さじ3強

使ったハーブ：ミント

ミントはかたい茎の部分を取り除き、葉だけを摘む。しんなりしているようなら、水につけてシャキッとさせるとよい。お好みのミントでOK。

チョップドハーブカレーの基本工程

1. 炒める　長ねぎ、しょうが、にんにくといった香味野菜を炒め、ひき肉を加えてしっかり炒める。

↓

2. 煮る　カレー粉などの調味料を加え、ふたをして煮込む。煮込み時間は短時間でよい。

↓

3. ハーブを加える　煮終わったところで、みじん切りにしたハーブをどっさり入れ、さっと混ぜたら完成！

1 鍋に植物油を熱し、長ねぎを入れる。炒めるとくたくたになるので、長ねぎは厚めに切ってよい。

2 長ねぎの表面がほんのり色づくまで炒める。炒めることで甘みが、焼き目をつけることで香ばしさが出る。

5 豚ひき肉を加える。肉は粗びきだとよりおいしい。

6 肉の色が変わるまでしっかり炒める。

9 パイナップルを加える。酸味と甘みの役割があり、ミントともよく合う。なければマーマレードでも、あるいは入れなくても。

10 全体を混ぜ、ふたをして弱火で5分ほど煮る。軽く煮て味を全体になじませる程度でよい。

3 にんにくとしょうが、100mℓほどの水を加える。水を入れることで、にんにくやしょうがの青臭さが汁に溶け込んでなじむ。

4 水分が飛ぶまで炒める。水分を飛ばすとうまみが濃縮される。

7 カレー粉を加える。カレー粉はお好みのものでOK。

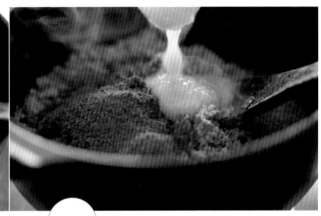

8 塩こうじを加える。発酵調味料を加えることで、コクがプラスされる。

11 ミントをみじん切りにする。思い切ってたっぷり入れてみよう。

12 ふたを開け、ミントを加えて混ぜ合わせる。加熱すると香りが飛ぶので、さっと混ぜる程度に。

Chopped Herb Curry

鶏ひき肉 × バジル
のドライカレー

バジルとトマトは鉄板の組み合わせ。
ナンプラーを隠し味に入れてコクを出しつつも、
さっぱりしてやさしい味わい。

材料 (3 〜 4 人分)

鶏ももひき肉──500g
にんにく（みじん切り）──2片
しょうが（みじん切り）──2片
長ねぎ（小口切り）──1本
ミニトマト（半分に切る）──15個（200g）
バジル（ざく切り）──3パック（40g）
植物油──大さじ2
カレー粉──大さじ2
塩──小さじ1/2
ナンプラー──大さじ1と1/2

作り方

❶ 鍋に植物油を熱し、にんにくとしょうが、長ねぎを加えてほんのり色づくまで炒める。

❷ 鶏ひき肉を加えて肉の色が変わるまで炒める。

❸ カレー粉と塩、ナンプラーを加えて a 炒め、ミニトマトを加えて混ぜ b 、ふたをして弱火で5分ほど煮る。

❹ ふたを開けてバジルを加え c 、混ぜ合わせる d 。必要なら塩で味を調整する。

使ったハーブ：バジル

バジルはかたい茎の部分を取り除き、葉のみをざく切りに。包丁で切るとすぐに黒ずんでしまうので、入れる直前に刻むとよい。

Chopped Herb Curry

合いびき肉 × パクチー
のヨーグルトカレー

ヨーグルト入りの酸味のあるカレーに
パクチーのシャキシャキした食感としょうがの香り。
さわやかなのにパンチがあって、後を引きます。

使ったハーブ：パクチー

パクチーは根の部分に強い香り
があるので、捨てずに使うとよ
い。かたい根と茎は細かめに切
り、やわらかい葉はざく切りに。

材料（3〜4人分）

合いびき肉──400g

長ねぎ（小口切り）──1本

パクチー（みじん切り・あれば根も入れる）
　──1カップ（70g）

にんにく（すりおろす）──1片

しし唐辛子（小口切り）──15本

しょうが（せん切り）──2片

植物油──大さじ2

カレー粉──大さじ2

塩──小さじ1/2

プレーンヨーグルト（無糖）──200g

ゆずこしょう（あれば）──小さじ1弱

作り方

❶ 鍋に植物油を熱し、長ねぎ、パクチーの根を加えて
　ほんのり色づくまで炒める。

❷ にんにくを加えてさっと炒め、合いびき肉を加えて肉
　の色が変わるまで炒める。

❸ カレー粉と塩を加えて混ぜ、ヨーグルトを加えて a
　混ぜる。しし唐辛子としょうが、ゆずこしょうを加え
　て混ぜ合わせ b 、ふたをして弱火で5分ほど煮る。

❹ ふたを開けてパクチーを加え c 、混ぜ合わせる。必
　要なら塩で味を調整する。

Chopped Herb Curry

牛ひき肉 × パセリ
のドライカレー

水分少なめでパラパラに仕上げたワイルドで深みのあるドライカレー。
刻んだパセリは短時間煮ることで、適度に風味が飛び、味がなじみます。

ハーブの中でも葉がかためで
香りも強いため、煮込むとちょ
うどよい。茎も好みで入れて
よいが、かたいので取り除き、
ブイヨン（p.37）を作るときに
使っても。

材料（3〜4人分）

牛ひき肉――500g
長ねぎ（小口切り）――1本
にんにく（すりおろす）――1片
しょうが（すりおろす）――1片
レーズン――100g
パセリ（みじん切り）――大1袋（45g）
植物油――大さじ2
カレー粉――大さじ2
塩――少々
しょうゆ――大さじ1

作り方

❶ 鍋に植物油を熱し、長ねぎを加え
てほんのり色づくまで炒める。

❷ にんにくとしょうがを加えてさっと炒
める。

❸ 牛ひき肉を加えて炒め、レーズン
を加えて肉の色が変わるまでしっか
り炒める a 。パセリを加えて b 混ぜ
合わせる。

❹ カレー粉と塩、しょうゆを加えて混
ぜ合わせ、ふたをして弱火で3分ほ
と煮る。必要なら塩で味を調整す
る。

いわゆるタイカレーの印象がある、独特な香りの葉。現地ではバイマックルーと呼ばれる。通常は刻まずに入れて香りづけのみに使われることが多い。

こぶみかんの葉は真ん中の軸の部分がかたくて食べにくい。軸を手で取り除いた後、包丁で細かくせん切りにする。

Chopped Herb Curry

エビ × こぶみかん
のクリームカレー

せん切りのこぶみかんの葉がたっぷり入った
柑橘系の香りがアクセントのカレー。
みそのコクを隠し味に、レモンの酸味をきかせました。

材料（3〜4人分）

エビ——400g
にんにく（みじん切り）——1片
しょうが（みじん切り）——1片
長ねぎ（厚い小口切り）——1本
アスパラガス（5mm幅に切る）——10本
こぶみかんの葉（軸を取ってせん切り）——50〜100g
植物油——大さじ2
カレー粉——大さじ2
塩——小さじ1/2
みそ——大さじ1強
生クリーム——200mℓ
レモン汁——1個分

下準備

エビは殻をむいて背ワタを取り、包丁で細かく刻む。

作り方

❶ 鍋に植物油を熱し、にんにくとしょうが、長ねぎを加えてほんのり色づくまで炒める。

❷ アスパラガスとエビを加えてさっと炒め、カレー粉と塩を加えて混ぜ合わせ a 、みそを加えて b 混ぜ合わせる。

❸ 生クリームを加え c 、こぶみかんの葉を加えて d さっと煮て、レモン汁を加えて混ぜ合わせる。必要なら塩で味を調整する。

魚の臭みを抑えるため、魚料理に合わせることが多いハーブ。フレッシュな香りを残すため、火は入れすぎないように。

Chopped Herb Curry

サーモン × ディル
のドライカレー

やわらかく煮えたじゃがいもに鮭のほぐし身が絡んで一体化。
ディルの葉はやわらかく、香りも穏やかなので
たっぷりと入れて存在感を出しましょう。

材料（3 ～ 4 人分）

生鮭（焼いてほぐす）──3切れ（300g）

にんにく（みじん切り）──1片

しょうが（みじん切り）──1片

長ねぎ（小口切り）──1本

じゃがいも（小さめの角切り）──大2個（300g）

グリーンピーススナック*──大さじ4

ディル（ざく切り）──20g

植物油──大さじ2

カレー粉──大さじ2

塩こうじ（塩分濃度約10％のもの）──大さじ3

*グリーンピースを油で揚げた市販のスナック。
　入れると食感がよくおいしいが、なくても可。

作り方

❶ 鍋に植物油を熱し、にんにくとしょうが、長ねぎを加えてほんのり色づくまで炒める。

❷ じゃがいもを加えて炒め、カレー粉と塩こうじを加えて混ぜ合わせる。

❸ 水100mℓを注いで煮立て、ふたをして弱火で5分ほど煮る。

❹ ふたを開けて鮭を加えて混ぜ合わせ、グリーンピーススナック、ディルを加え、強火で水分を飛ばすように炒め合わせる。

イカ × 青じそのドライカレー

ミンチにしたイカのムチッとした食感が新鮮。
イカに青じそは、和食ではよくある組み合わせですが、
そこにオリーブの実を組み合わせるとうまみが増します。

材料（3〜4人分）

イカ（胴と足）——3ばい（400g）
　※内臓を取り除いた正味
にんにく（みじん切り）——1片
しょうが（みじん切り）——1片
長ねぎ（厚い小口切り）——3本
グリーンオリーブ（種なし・細かく刻む）——60g
青じそ（せん切り）——30枚（20g）
オリーブ油——大さじ3
カレー粉——大さじ2
塩——小さじ1/2
砂糖——小さじ1
ナンプラー——大さじ1と1/2

下準備

イカはフードプロセッサー（または包丁）でミンチにし、さっと水洗いしてざるに上げ、水気をしっかりきっておく。

作り方

❶ 鍋にイカを入れてふたをし、強火にかける。色が変わるまでさっと蒸したらふたを開け、ある程度水分を飛ばして臭みを取り、蒸し汁ごと取り出しておく。

❷ 空いた鍋にオリーブ油を熱し、にんにくとしょうが、長ねぎを加えてほんのり色づくまで炒める。

❸ カレー粉と塩、砂糖、ナンプラー、グリーンオリーブを加えて⒝混ぜ合わせ、イカを蒸し汁ごと加えて強火で水分を飛ばすように炒め合わせ⒞、青じそを加えて⒟混ぜ合わせる。必要なら塩で味を調整する。

使ったハーブ：青じそ

食感はやわらかく、香りは穏やか。細かく刻むことで香りが立つので、鍋に入れたらさっと混ぜ合わせるだけにして加熱しすぎないように。

ハーブカレー誕生のヒント

［チョップ編］

タイ深南部・ハジャイを訪れたときのことを思い出す。

僕はクアクリンというひき肉を炒めた料理にありつこうと探し求めていた。事前に得ていた情報では、南部を代表するタイ料理とのことだったが、簡単には見つからず、ありつけたのは3日目のことだった。

汁気のないしっとりとした肉の粒たちが決起集会でもするかのように密集している。知っているカレーで例えるならドライキーマカレーとでも言うべきか。インドならともかくタイにこの手の料理があるとは予想していなかった。

肉と肉の合間にところどころ緑色の細い何かが見え隠れしている。ちょっと心が躍った。スプーンですくって口に運ぶと、予想通り、柑橘系のさわやかな香りがすっと鼻の奥から後頭部へと抜けていく感覚がある。そう、それはせん切りにしたこぶみかんの葉だった。

こぶみかんの葉はタイ料理では定番のハーブである。かつて、僕はこのハーブが好きになれなかった。好きになれないばかりか、このハーブのせいでタイ料理自体を遠ざけていた。だってさ、なんだかトイレの芳香剤みたいなにおいがするじゃないか（失礼！）。

どんなにいい素材であれ、どんな絶妙な味つけであれ、こぶみかんの葉が入ったとたんにすべてを持っていかれてしまう。ジェンガのブロックが崩壊したときのような虚無感に襲われる。タイ料理を壊す邪魔なハーブだと思っていたのだ。

ところが、我慢して繰り返し食べるうちにこの香りのとりこになった。まもなく僕はカレーにこのハーブを使い始めた。しかも、できる限り細く刻んで仕上げに混ぜ合わせるという独自の手法を編み出したのだ。

クアクリンというひき肉料理は、こぶみかんの葉のせん切りという手法が僕のオリジナルではないことを突き付けてくれた。なあんだ、タイは昔からそうやっていたんだな。がっかりもしたし、答え合わせができてうれしい気持ちにもなった。

インド料理ではコリアンダーリーフ（香菜）のみじん切りを多用する。僕はミントを刻んでカレーに使うのも好きだ。ディルやフェンネルもそうだが、ハーブを"チョップ"すると、切っているそばから強烈な香りが立ち上る。使わない手はない。

加熱すると、とんがった香りが落ち着き、カレー全体の香りに溶け込んでいくのもいい。だから躊躇なくどっさりと使う。そんなとき、ハーブに触れているんだな、ハーブを体に取り込んでいるんだな、という実感が僕を揺さぶるのだ。

-HERB CURRY-

METHOD

-2-

ハーブペーストを作る

Pasted Herb

Paste Herb Curry

鶏肉となすの
"まろやかな"ハーブカレー

カレーというと、辛くてスパイシーなものを想像しますが、
このハーブカレーは辛みは一切なく、とにかくさわやか。
タイのグリーンカレーとは別ものの、新感覚の味。
ハーブペーストで作る基本の味を、まずは体感してみてください。

材料（3〜4人分）

【ハーブペースト】
- バジル（葉）――15g
- ミント（葉）――5g
- パクチー（根も入れる・ざく切り）――20g
- 長ねぎ（小口切り）――1/2本
- にんにく（つぶす）――1片
- しょうが（ざく切り）――1片
- 乾燥エビ――3g
- 砂糖――小さじ1

鶏もも肉（一口大に切る）――250g

なす（乱切り）――2本（160g）

じゃがいも（小さめの一口大に切る）――1個（120g）

ココナッツミルク――200mℓ

オリーブ油――大さじ3

ブイヨン*（または水）――200mℓ

ナンプラー（または薄口しょうゆ）――大さじ1と1/2

*ブイヨンの作り方はp.37。

【基本のハーブペーストの材料】

ハーブはバジル、ミント、パクチーの3種類。
これに香味野菜やうまみ食材の乾燥エビも加
える。パクチーは根の部分の香りが強いの
でぜひ入れて。

ペーストハーブカレーの基本工程

1. ハーブペーストを作る

数種類のハーブや香味野菜などをハンド
ブレンダーなどでペースト状にする。こ
れが味のベース。

↓

2. 炒める

ハーブペーストを入れるタイミングは、最初・途中・最後
と3パターンあり、それによって風味が異なる。加熱時間
が長いほど、油とペーストがなじんで落ち着いた味に。最
後に入れるとフレッシュなハーブの香りが立つ。

↓

3. 煮る

ブイヨンやココナッツミルクを加えて煮る。ココナッツミ
ルクを最初に煮詰める方法も。ココナッツミルクの分量に
よってコクやまろやかさが変わる。

1 ハーブペーストの材料と50mℓほどの少量の水を合わせ、ハンドブレンダーで撹拌し、なめらかなペースト状にする。水を入れるのは回しやすくするため。

2 鍋に半量のココナッツミルクを入れて熱し、ふたをせずにグツグツするまで煮詰める。

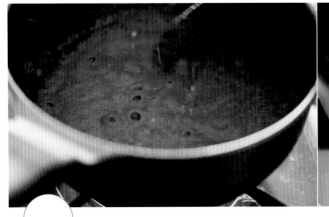

5 沸騰したらふたをして弱火で煮る。油とハーブペーストをなじませるイメージ。

6 木べらを動かした跡が残るくらいに煮詰める。

9 ブイヨンとナンプラーを加える。ハーブペーストを注いだ後の容器にブイヨンを入れると余すところなく使える。

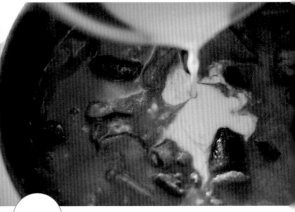

10 残りのココナッツミルクを加え、ふたをして弱火で10分ほど煮る。必要なら塩で味を調整する。

3 ハーブペーストを加える。最初に入れるとペーストの青臭さが飛び、落ち着いた味に。逆に最後に入れるとハーブのフレッシュさが立つ。

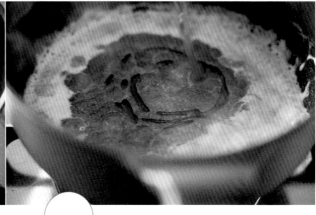

4 オリーブ油を加える。ここでは、香りのよいオリーブ油がおすすめ。

7 鶏肉を加えて混ぜ合わせる。

8 なす、じゃがいもを加えて混ぜ合わせる。

ブイヨンの作り方

鶏肉の骨から溶け出した濃厚なだしがブイヨン。水の代わりに入れると、コクのある奥深い味になります。余った長ねぎの青い部分やパセリの茎なども捨てずに使えます。

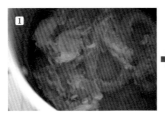

1 大きめの鍋に鶏ガラ（2羽分）とたっぷりの水を入れて強火にかける。沸騰したらアクを取り、長ねぎの青い部分やセロリ、パセリの茎などの香味野菜を適量加え、さらに煮る。

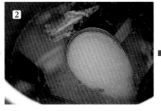

2 2時間ほど煮て、汁が白濁したらでき上がり。

3 煮込んだ鶏ガラと香味野菜を取り出す。煮た後の香味野菜をハーブペーストに入れてもよい。冷蔵庫で5日ほど保存可能。

Paste Herb Curry

鶏肉とたけのこの "辛口" ハーブカレー

刺激的な辛さの中に、濃厚なうまみが顔を出す。
タイのグリーンカレーに欠かせない青唐辛子をふんだんに使い、
カピ（タイの発酵調味料）の代わりに塩辛を、カレーの隠し味によく使う梅肉も加えました。

材料（3〜4人分）

【ハーブペースト】
- バジル（葉）──15g
- ミント（葉）──5g
- パクチー（根も入れる・ざく切り）──20g
- 長ねぎ（小口切り）──1/2本
- にんにく（つぶす）──1片
- しょうが（ざく切り）──1片
- 青唐辛子*（小口切り）──3〜4本
- 塩辛──大さじ1
- 梅肉──大1個分
- 砂糖──小さじ1

鶏もも肉（一口大に切る）──250g
たけのこ（水煮・一口大に切る）──150g
スナップえんどう（筋を取って斜め半分に切る）
　──12本（100g）
オリーブ油──大さじ3
ココナッツミルク──300mℓ

*青唐辛子は夏が旬で、それ以外の時季は手に入りにくい。なければ、乾燥の赤唐辛子を水でもどして、辛みの強い種やヘタも一緒に入れるか、レッドペッパー（カイエンペッパー）で代用可能。

下準備

ハーブペーストの材料と少量の水（50mℓ程度）を合わせ、ハンドブレンダーでペースト状にしておく。

作り方

❶ 鍋にオリーブ油を熱し、鶏肉を加えて色が変わるまで炒める。

❷ ハーブペーストを加えて a 混ぜ合わせ、水分を飛ばすように炒め合わせる。

❸ ココナッツミルクを加えて b 煮立て、たけのことスナップえんどうを加えてふたをし、弱火で5分ほど煮る。必要なら塩で味を調整する。

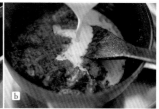

Paste Herb Curry

鶏肉とブロッコリーの
"さわやかな" ハーブカレー

通常よりココナッツミルクが少なく、さらっとしたカレー。
煮込み時間も短いため、ハーブの青々しい香りが前面に立ち、
口の中でさわやかさがあふれます。

材料（3〜4人分）

【ハーブペースト】
- バジル（葉）……15g
- ミント（葉）……5g
- パクチー（根も入れる・ざく切り）……20g
- セロリ（ざく切り・ブイヨンを作った後の
  煮込んだものでもよい）……1/2本
- にんにく（つぶす）……1片
- しょうが（ざく切り）……2片
- 乾燥エビ……3g
- 塩こうじ（塩分濃度約10%のもの）……大さじ3
- オリーブ油……大さじ3

鶏もも肉（一口大に切る）……250g
ブロッコリー（小房に分ける）……小1個（150g）
きゅうりのピクルス（刻む）……1本（42g）
ブイヨン（または水）……300mℓ
ココナッツミルク……100mℓ

下準備

ハーブペーストの材料のうち、セロリ、にん
にく、しょうが、乾燥エビをこんがりするま
でオリーブ油で炒める a 。それ以外の材料
と少量の水（50mℓ程度）と合わせてハンドブレ
ンダーでペースト状にしておく。

作り方

❶ 鍋に鶏肉の皮面を下にして並べて強火
にかける。皮面がこんがりと焼けたら全
体が色づくまで炒める。

❷ ハーブペーストを加えて混ぜ合わせる。

❸ ブイヨンを注いで b 煮立て、ココナッツ
ミルクとブロッコリー、きゅうりのピクルス
を加えて c ふたをし、弱火で10分ほど
煮る。必要なら塩で味を調整する。

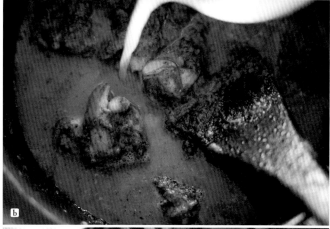

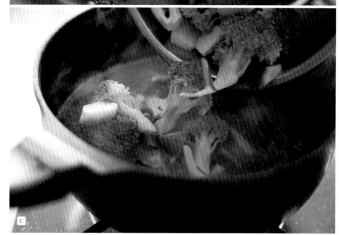

鶏肉とズッキーニの "クリーミー" ハーブカレー

玉ねぎをじっくり炒めず、長時間煮込まない代わりに、
コクを出す塩こうじを使います。
夏野菜を引き立てるために、最後にレモン汁を加えます。

材料（3〜4人分）

【ハーブペースト】
- ・バジル（葉）──15g
- ・ミント（葉）──5g
- ・パクチー（根も入れる・ざく切り）──20g
- ・長ねぎ（小口切り）──1/2本
- ・にんにく（つぶす）──1片
- ・しょうが（ざく切り）──1片
- ・青唐辛子（小口切り・あれば）──2本
- ・乾燥エビ──3g
- ・塩こうじ（塩分濃度約10%のもの）──大さじ3
- ・砂糖──小さじ1
- ・オリーブ油──大さじ3

鶏もも肉（一口大に切る）──250g
ズッキーニ（縦半分に切り、1cm幅に切る）──1本（150g）
オクラ（2cm幅に切る）──10本（70g）
ブイヨン（または水）──150㎖
ココナッツミルク──200㎖
レモン汁──1/2個分

下準備

ハーブペーストの材料のうち、長ねぎ、にんにく、
しょうが、青唐辛子、乾燥エビをオリーブ油でこ
んがりするまで炒め、それ以外の材料と少量の水
（50㎖程度）と合わせてハンドブレンダーでペースト
状にする。

作り方

❶ 鍋に鶏肉の皮面を下にして並べて強火
にかけ、片面がこんがり焼けたら全体が
色づくまで炒める。ズッキーニを加えて
しっかり火を通すように炒める。オク
ラを加えてさっと混ぜる。

❷ ブイヨンを加え、煮立ったらココナッツミ
ルクを加える。煮立ったら弱火にし、ふ
たを少しずらして5分ほど煮る。

❸ ふたを開けてハーブペーストを加えて
さっと煮る。レモン汁を加え、必要なら
塩で味を調整する。

Paste Herb Curry

骨付き鶏もも肉の
"刺激的な"ハーブカレー

ハーブカレーとスパイスカレーを
ミックスさせたスペシャルなレシピ。
最後にみじん切りにしたパクチーをどっさりと。
多様な香りが絡み合った複雑な味を堪能してください。

p.35の基本の3種類に、レモングラスを追加。レモングラスは葉がかたく、茎に強い香りがあるため、茎のみを小口切りにして使う。

材料（3〜4人分）

【ハーブペースト】
- バジル（葉）──15g
- ミント（葉）──5g
- パクチー（根）──3g
- レモングラス（茎・小口切り）──1本
- クミンシード──小さじ1
- コリアンダーシード──小さじ2
- 砂糖──小さじ1
- 塩辛──大さじ1

骨付き鶏もも肉（ぶつ切り・皮を取り除く）──500g

長ねぎ（小口切り）──1本

にんにく（みじん切り）──1片

しょうが（みじん切り）──1片

青唐辛子（小口切り）──2本

パクチー（茎と葉・みじん切り）──12g

【ホールスパイス】
- グリーンカルダモン──4粒
- クローブ──6粒
- シナモンスティック──1/2本

オリーブ油──大さじ3

ココナッツミルク──100mℓ

ナンプラー（または薄口しょうゆ）──大さじ1

下準備

ハーブペーストの材料と少量の水（50mℓ程度）を合わせ、ハンドブレンダーでペースト状にしておく。

作り方

❶ 鍋にオリーブ油を熱し、ホールスパイスを加えて炒める。

❷ 長ねぎとにんにく、しょうが、青唐辛子を加えて a キツネ色になるまで炒める b 。

❸ 鶏肉を加えて表面全体が色づくまで炒める c 。ハーブペーストを加えて混ぜ合わせる d 。

❹ ココナッツミルク e とナンプラーを加えてさっと煮る。パクチーを加えて f さっと混ぜる。必要なら塩で味を調整する。

エビとアボカドの
"コクたっぷり" ハーブカレー

あっさりした具の取り合わせですが、
意外とコクのある奥深い味わいです。
ハーブペーストを最初に炒めるのがポイントで、
あとはさっと火を通すだけで完成。

材料（3〜4人分）

【ハーブペースト】

- パクチー（根も入れる・ざく切り）⋯20g
- ディル（ざく切り）⋯10g
- 長ねぎの青い部分（ざく切り・ブイヨンを
  作った後の煮込んだものでもよい）⋯1本分
- にんにく（つぶす）⋯1片
- しょうが（ざく切り）⋯1片
- 粉チーズ⋯大さじ1

エビ⋯15尾（280g）

アボカド（乱切り）⋯1個

ピーマン（乱切り）⋯1個

オリーブ油⋯大さじ3

ブイヨン（または水）⋯150mℓ

ココナッツミルク⋯150mℓ

ナンプラー（または薄口しょうゆ）⋯大さじ1と1/2

レモン汁⋯1/2個分

下準備

ハーブペーストの材料と少量の水（50mℓ程度）を合わせ、ハンドブレンダーでペースト状にしておく。
エビは尾を残して殻をむき、背に沿って包丁で切り目を入れて背ワタを取る。

作り方

❶ 鍋にオリーブ油を熱し、ハーブペーストを加えてしっかり炒める[a]。

❷ ブイヨンを加えて煮立て、ココナッツミルクとナンプラー、エビ、アボカド、ピーマンを加え、エビに火が通るまで煮る。

❸ レモン汁を加え、必要なら塩で味を調整する。

> 使ったハーブ：パクチー、ディル

基本のパクチーに、魚介類と相性のよいディルの組み合わせ。p.50の白身魚とかぶのカレーも同じで、淡泊な食材と合わせるとよい。

Paste Herb Curry

白身魚とかぶの "なめらかな" ハーブカレー

白身魚とかぶという淡泊な食材だから、
ココナッツミルク多めでクリーミーに。
かぶは煮崩れないくらいに火を通し、
適度に食感を残すとおいしいです。

材料（3〜4人分）

【ハーブペースト】

- ・パクチー（根も入れる・ざく切り）——15g
- ・ディル（ざく切り）——10g
- ・長ねぎの青い部分（ざく切り・ブイヨンを
     作った後の煮込んだものでもよい）——1本分
- ・にんにく（つぶす）——1片
- ・しょうが（ざく切り）——1片
- ・梅肉——大1個分
- ・塩辛——大さじ1

白身魚（一口大に切る）——300g

かぶ（縦4等分に切って、横5mm幅に切る）——大2個（200g）

ほうれん草（ざく切り）——1束（200g）

ココナッツミルク——400ml

オリーブ油——大さじ3

ナンプラー——大さじ2

下準備

ハーブペーストの材料と少量の水（50ml程度）を合わせ、ハンドブレンダーでペースト状にしておく。

作り方

❶ 鍋にココナッツミルク100mlを入れて熱し、グツグツするまで煮詰める。

❷ ハーブペーストとオリーブ油を加え、ふたをして2〜3分煮詰める。

❸ 残りのココナッツミルクとナンプラーを加えて⒜煮立て、白身魚とかぶ、ほうれん草を加えて弱火で5分ほど煮る。必要なら塩で味を調整する。

Paste Herb Curry

あさりとじゃがいもの "やさしい" ハーブカレー

スープカレーといってもいいくらい、さらっとした液状のカレー。
あさりのだしを生かすため、ココナッツミルクは少なめに。

材料（3〜4人分）

【ハーブペースト】
- パクチー（根も入れる・ざく切り）──15g
- ディル（ざく切り）──10g
- レモングラス（茎・小口切り）──10g
- セロリ（ざく切り・ブイヨンを作った後の
  煮込んだものでもよい）──1本
- にんにく（つぶす）──1片
- しょうが（ざく切り）──1片
- 乾燥エビ──3g

あさり（砂抜きをする）──500g
じゃがいも（一口大に切る）──2個（200g）
ヤングコーン（斜め半分に切る）──10本（80g）
オリーブ油──大さじ3
ブイヨン（または水）──200mℓ
ココナッツミルク──100mℓ
塩──小さじ1弱

下準備

ハーブペーストの材料と少量の水（50mℓ程度）
を合わせ、ハンドブレンダーでペースト状に
しておく。

作り方

❶ 鍋にオリーブ油を熱し、じゃがいもを入れ
　て炒める。

❷ ハーブペーストを加えてさっと炒める。

❸ ブイヨンを注いで煮立て、あさりとヤング
　コーンを加えてふたをして弱火で3分ほど
　煮る。ふたを開けてココナッツミルクと塩を
　加えて煮立て、5分ほど煮る。必要なら塩
　で味を調整する。

使ったハーブ：パクチー、ディル、レモングラス

タイ料理に欠かせないパクチーとレモングラスに、
魚介と相性のよいディル。ハーブの組み合わせに決
まりはないので、お好みで変えてみても。

使ったハーブ：ミント、パクチー、レモングラス

うまみの強い牛肉には、香りの強いミントがよく合う。p.58の豚肉とかぼちゃのカレーも同じて、濃厚なカレーにはこの3種の組み合わせを。

Paste Herb Curry

牛肉とパプリカの "香り高い" ハーブカレー

牛肉とパプリカをしっかり炒めることで、香ばしくなり、奥深いソースになります。
スパイスが一切入っていないのに、焙煎香のような深みを感じられます。

材料（3〜4人分）

【 ハーブペースト 】
- ・ミント（葉）──5g
- ・パクチー（根も入れる・ざく切り）──15g
- ・レモングラス（茎・小口切り）──10g
- ・長ねぎ（小口切り）──1本
- ・にんにく（つぶす）──1片
- ・しょうが（ざく切り）──1片
- ・砂糖──小さじ1
- ・みそ──大さじ1
- ・粉チーズ──大さじ1

牛ハラミ肉（焼き肉用・一口大に切る）──250g
赤パプリカ（小さめの乱切り）──大1個（150g）
しし唐辛子（斜め半分に切る）──15本（60g）
オリーブ油──大さじ3
レモン汁──1/2個分

下準備

ハーブペーストの材料と少量の水（50ml程度）を合わせ、ハンドブレンダーでペースト状にしておく。

作り方

❶ 鍋にオリーブ油を熱し、牛肉とパプリカを加えてしっかり炒める[a]。しし唐辛子を加えてさっと炒める。

❷ ハーブペーストを加えて[b]、5分ほど炒める。

❸ 水300mlを注いで煮立て、2〜3分煮る。レモン汁を加え、必要なら塩で味を調整する。

[a]

[b]

Paste Herb Curry

豚肉とかぼちゃの "奥深い" ハーブカレー

みそ、粉チーズ、梅肉の隠し味で、
ほのかな酸味の奥からコクがやってくる。
さっと炒めてさっと煮ただけなのに、
じっくり煮込んだようなカレーに。

材料（3〜4人分）

【 ハーブペースト 】

- ・ミント（葉）⸺15g
- ・パクチー（根も入れる・ざく切り）⸺15g
- ・レモングラス（茎・小口切り）⸺10g
- ・長ねぎの青い部分（ざく切り・ブイヨンを作った後の
  煮込んだものでもよい）⸺1本分
- ・にんにく（つぶす）⸺1片
- ・しょうが（ざく切り）⸺1片
- ・青唐辛子（小口切り）⸺1本
- ・みそ⸺大さじ1
- ・粉チーズ⸺大さじ1
- ・梅肉⸺大1個分

豚ロース肉（とんカツ用・1cm幅に切る）⸺250g
かぼちゃ（小さめの一口大に切る）⸺1/8個（200g）
しいたけ（4等分に切る）⸺5個（50g）
オリーブ油⸺大さじ2
ブイヨン（または水）⸺300ml

下準備

ハーブペーストの材料と少量の水（50ml程度）を合わせ、ハンドブレンダーでペースト状にしておく。

作り方

❶ 鍋にオリーブ油を熱し、豚肉としいたけを入れてしっかり炒め、かぼちゃを加えてさっと炒め合わせる。

❷ ハーブペーストを加えて炒める。

❸ ブイヨンを加えて煮立て、ふたをして弱火で10分ほど煮る。必要なら塩で味を調整する。

ハーブカレーの手法一覧表

あるハーブを使ってカレーを作ってみようと思ったとき、何から考えたらいいと思いますか？ 目の前にあるハーブを適当にちぎって鍋に入れ、木べらでグルグルかき混ぜるだけではおいしいカレーになるかどうか約束できません。ハーブにはハーブごとに特性があります。だから、「どう調理したら魅力を引き出せるのか」という観点が必要になるんです。

まず考えてほしいのは、生のまま使うのか、乾燥させて使うのか。生のハーブなら強くさわやかな香りがある分、すっと早めに消えていきます。乾燥させた

ハーブなら控えめで落ち着いた香りが割と長めに持続します。

次に考えてほしいのは、丸のまま使うのか、つぶして使うのか。丸のまま使う場合、香りは少しずつ時間をかけて抽出されます。つぶして使うのは即効性があるため、瞬時に香りを生み出すことができます。

3つ目に考えてほしいのは、カレーが完成したときにそこにあるハーブを口に入れて食べるのか、食べないのか。食べるハーブなら、口の中で噛んだときに新たな香りが生まれます。食べないハーブなら、そこはかとなく香ります。

これらのポイントをハーブごとに想像してみると、そのハーブのキャラクターがよりハッキリと具体的につかめるようになるんじゃないでしょうか。ハーブごとの特性を生かせるよう、カレー調理の手法に落とし込んだ結果、4つのグループに整理できたんです。

チョップ、ペースト、ホール、ドライはこうして生まれました。どのハーブがどの手法に適しているかを右の表にまとめています。この表を参考にすれば、レシピを自分の好みに合わせてアレンジすることもできます。

あれとこれを合わせよう。これがないからそれにしよう。ハーブカレーをもっと自由に楽しんでください。

手法の名前	チョップ	ペースト	ホール	ドライ
ハーブの状態	生	生	生・乾	乾
スパイス（カレー粉）の使用	あり	なし（あり）	あり	あり
バジル	○	○	×	○
ミント	○	○	×	○
パクチー	○	○	×	△
タイム	△	×	○	△
オレガノ	△	×	×	○
ディル	○	○	×	○
フェンネル	○	○	×	○
カレーリーフ	△	×	○	○
カスリメティ	×	×	○	○
ローズマリー	△	×	○	○
パセリ	○	△	×	△
イタリアンパセリ	○	△	×	△
パンダンリーフ	×	×	○	×
レモングラス	×	○	○	△
こぶみかんの葉	○	×	○	△
青じそ	○	×	×	×

ハーブカレー誕生のヒント
［ ペースト編 ］

イギリス・ロンドンを訪れたときのことを思い出す。

マイ・フェイバリット・モダン・インディアン・レストランで、パンジャーブ・スタイルのサルソン・カ・サグの料理レッスン。寿限無、寿限無……。お気に入りのインド料理店でほうれん草のカレーを習ったのである。

サルソン・カ・サグとは、ほうれん草の他にからし菜やディル、パクチー、フェヌグリークリーフなどがどっさりと入ったカレーのこと。いい香りのする青菜がこれでもかと鍋に加えられ、クタクタになるまで煮込まれる。それからすべてをペーストにした。そ、そんなの、ありなんだ。

ほうれん草のカレーはインド料理の中でも人気メニューのひとつだ。ゆでたほうれん草をミキサーでペーストにしてカレーに加えるのだが、ほうれん草の甘みを思いのほか強く感じられてうまい。この作り方にハーブが加えられたのである。

ハーブをペーストにしてカレーにするのは、タイ料理の専売特許だと思っていた。とはいえ、実際にはタイのレッドカレー（ゲーン・ペッ）やグリーンカレー（ゲーン・キョワーン）は、ペーストにそれほどハーブが入るわけではない。

青や赤の唐辛子をはじめ、にんにく、しょうが、玉ねぎ、香菜の根（!）、レモングラスなどが主な材料。パクチーの茎や葉を加えたり、色づけのためにバジルやほうれん草を加えたりするのは、現地ではあまり見ない邪道な方法。

とはいえ、僕は、タイのグリーンカレーを作るときには、興味本位にあれこれとハーブをミキサーに加えてはペーストにしていた。ロンドン以降、サグを作るときにも鼻歌交じりにハーブをすりつぶすようになったのである。

ペーストという手法のいいところは、何もかもが混然一体となる点にある。これと真逆なのは、器に盛りつけてからパラパラとトッピングしたり、おもむろに添えたりする手法。存在感を主張するのでなく、姿を見せない奥ゆかしさがいい。

ハーブは基本的に形をつぶせばつぶすほど強い香りを生むわけだから、すりつぶしたり、ミキサーにかけたりすれば、香りを最大化できる。ところが、張本人は今いずこ？　ハーブを手に調理した人だけが秘密を握っている。ずるいよね。

ミキサーやらフードプロセッサーがやっぱり便利ではあるけれど、石臼なんかで地道にすりつぶす好奇心と手段と時間と根気と技術があるのなら、ぜひチャレンジしてもらいたい。ペーストで作るカレーの真髄は、そこにあると思う。

-HERB CURRY-

METHOD

-3-

市販のカレーペーストを使う

Ready-made

タイ風グリーンカレー

牛肉とキャベツの組み合わせは、
僕が好きなタイカレーの店の定番の具材。
市販のグリーンカレーペーストで
簡単においしく作る、基本のレシピです。

材料（3〜4人分）

牛もも肉（薄切り・一口大に切る）──250g
キャベツ（ざく切り）──300g
なす（縦半分に切って斜め薄切り）──小2本（150g）
植物油──大さじ3
グリーンカレーペースト（市販）──1袋（4人分）
ココナッツミルク──200mℓ
ナンプラー──大さじ1
砂糖──小さじ1

市販のペーストカレーの基本工程

（ 1. 炒める ） 肉や野菜を炒める。肉は鶏肉でもよく、魚介類でもよい。好みの食材を使ってアレンジするとよい。

↓

（ 2. カレーペーストを加える ） 水を加えて食材を煮立てたら、市販のカレーペーストを加える。最初に少量のココナッツミルクとカレーペーストを合わせる作り方もある。

↓

（ 3. 煮る ） ココナッツミルクと調味料を入れて煮る。5分くらい煮込めばでき上がり！

1 鍋に植物油を熱し、牛肉を入れて色が変わるまで炒める。赤い部分が多少残っていてもよい。

2 キャベツ、なすを加えて炒める。しんなりして、かさが減ってくるまで全体を混ぜ合わせる。

3 水200mℓを注いで煮立てる。

4 カレーペーストを加えて混ぜ合わせる。

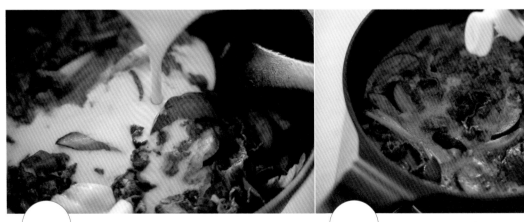

5 ココナッツミルクを注いで煮立てる。ココナッツミルクの分量を少なめにすると、しっかりした辛さと濃さのカレーになる。

6 ナンプラー、砂糖を加えて5分ほど煮る。

タイカレーの基本食材について

タイカレーを簡単に作りたいなら、
まずは市販のカレーペーストとココナッツミルクを手に入れること。
あとは好みの食材があればOK。

カレーペースト

カレーペーストは、輸入食材を扱う「カルディ」や「成城石井」などで手に入ります。グリーン、レッド、イエローの3種類あり。商品によって配合は異なりますが、辛みが強いものが多いので、調理中にむせないように気をつけて。

ココナッツミルク

缶詰や紙パック入りなどがあり、容量もさまざま。湯に溶かして使うパウダー状のものもあります。おすすめは「アヤム」（写真右下）のもの。水分の全量をココナッツミルクにするとまろやかになりますが、さっぱり仕上げたいなら水と合わせます。

グリーンフィッシュカレー

インドや東南アジアのカレーには
こんな風に頭ごと筒切りにした魚が入っています。
本場スタイルのワイルドなフィッシュカレーをどうぞ。

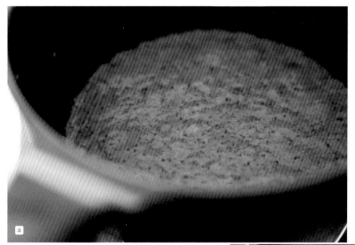

材料（3〜4人分）

アジ——3尾（450g）
ミニトマト（半分に切る）——100g
ココナッツミルク——300mℓ
グリーンカレーペースト（市販）
　——1袋（4人分）
植物油——大さじ3
ナンプラー——大さじ1

下準備

アジは内臓を取り除いてよく洗い、5cm
長さの筒切りにする。頭も入れるといい
だしが出る。

作り方

❶鍋に100mℓのココナッツミルクを入れ
て熱し、グツグツと煮詰める。

❷カレーペーストと植物油を加えて混ぜ
合わせる a 。

❸水200mℓを加えて煮立て、残りのココ
ナッツミルクを加えて煮立てる。アジ
を加えて b 煮立て、ナンプラーを加
えて5分ほど煮る。ミニトマトを加えて
混ぜ合わせる。

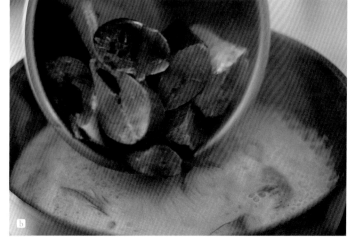

エビのドライグリーンカレー

夏野菜をグリーンカレーペーストで
炒め合わせた、汁気のないカレー。
大きめに切った具が主役です。

材料（3〜4人分）

エビ—大10尾（300g）
赤パプリカ（小さめの乱切り）—1個（150g）
ズッキーニ（大きめの乱切り）—2本（300g）
なす（大きめの乱切り）—2本（200g）
植物油—大さじ3
グリーンカレーペースト（市販）—1袋（4人分）
ココナッツミルク—200mℓ
ナンプラー—大さじ1

下準備

エビは尾を残して殻をむき、背に沿って包丁で切り目を入れて背ワタを取る。

作り方

❶ 鍋に植物油を熱し、パプリカを加えて表面に焼き色がつくまで炒め、ズッキーニとなすを加えて混ぜ、ふたをして10分ほど蒸し焼きにする。

❷ カレーペーストを加え、エビ、ココナッツミルク、ナンプラーを加えて強火にし、ふたを開けたままエビに火が通るまでグツグツと5分ほど煮詰める。

グリーンカレーチャーハン

卵とごはん、カレーペーストなど
すべてを混ぜ合わせたものを炒めるだけ。
失敗なく、パラパラのチャーハンが作れます。

材料 (2 人分)

卵──2個
ベーコン（細かく切る）──100g
長ねぎ（みじん切り）──5cm(25g)
グリーンカレーペースト（市販）──1/2袋（2人分）
ごはん──2膳分
ごま油──大さじ2
ナンプラー──少々

作り方

❶ボウルに卵を溶き、ベーコン、長ねぎ、カレーペースト、ごはんをよく混ぜ合わせておく。

❷大きめのフライパンにごま油を強火で熱し、①を入れて混ぜ合わせ、よく炒める。

❸パラッとしてきたら、仕上げに鍋肌からナンプラーを加えて混ぜ合わせる。

グリーンカレーそうめん

オクラとなめこのとろみがついた
グリーンカレー味のつけだれは、
そうめんによく絡んで、意外なおいしさ。
思わぬ組み合わせにハマること間違いなし！

材料（3～4人分）

鶏もも肉（小さめの一口大に切る）──150g

オクラ（5mm幅に切る）──100g

なめこ──100g

そうめん──3～4束

植物油──大さじ2

グリーンカレーペースト（市販）──1袋（4人分）

ココナッツミルク──300mℓ

ナンプラー──大さじ1強

砂糖──小さじ1

作り方

❶ 鍋に植物油を熱し、鶏肉を加えて炒める。

❷ カレーペーストを加えて炒め合わせる。

❸ 水300mℓを注いで煮立て、ココナッツミルクを加えて煮立て、ナンプラー、砂糖、オクラ、なめこを加えて弱火で5分ほど煮る。

❹ 器に盛り、袋の表示通りにゆでたそうめんを添える。

タイ風レッドカレー

レッドカレーの具といえばローストダック。
ここでは鶏肉で代用しました。
赤唐辛子の強い辛さがあるペーストなので、
ココナッツミルクで和らげます。

材料（3〜4人分）

鶏もも肉（皮面に切り込みを入れる）──400g
長ねぎ（1cm幅に切る）──1本
ココナッツミルク──400mℓ
植物油──大さじ2
レッドカレーペースト（市販）──1袋(4人分)
ナンプラー──大さじ2
砂糖──小さじ2

作り方

❶ 鍋に鶏肉の皮面を下にして入れ、皮がこんがりと色づくまで焼いたら裏返し、表面全体が色づいたら取り出す。粗熱が取れたら1cm幅に切る。

❷ 空いた鍋にココナッツミルク100mℓを加えてグツグツ煮詰める。

❸ 植物油とカレーペーストを加えてよく混ぜ合わせる。

❹ 残りのココナッツミルクと長ねぎを加えて煮立て、ナンプラーと砂糖を加え、鶏肉を戻し入れてさっと煮る。

タイ風イエローカレー

豚汁のような具の組み合わせで、
味わいもやさしく、食べやすい。
ターメリックが入っているため
イエローカレーといわれます。

材料（3〜4人分）

豚バラ肉（薄切り・4cm幅に切る）──250g

じゃがいも（くし形切り）──小2個（200g）

うずらのゆで卵──8個

ごま油──大さじ2

イエローカレーペースト（市販）──1袋（4人分）

ココナッツミルク──200mℓ

ナンプラー──大さじ2

作り方

❶鍋にごま油を熱し、豚肉とじゃがいもを入れて炒める。

❷カレーペーストを加えて炒め合わせる。

❸水150mℓを注いで煮立て、ふたをして弱火で10分ほど煮る。

❹ココナッツミルクを加えて煮立て、ナンプラーとうずらの卵を加えてふたをし、弱火でじゃがいもに火が通るまで煮る。

ハーブカレー誕生のヒント

［ ホール編 ］

　南インド・ケララを訪れたときのことを思い出す。

　レストランのキッチンを借りて仲間と料理を楽しもうと市場へ行った。必要な食材を買い出す。野菜売り場に寄り、お金を払うと店主が足元にあった細い枝の束を右手でつかみ、無造作に僕の方へ突き出したのだ。「これ、持っていきな」。カレーリーフだった。

　中庭のついた一軒家の部屋に宿泊した。どことなくコロニアルな雰囲気を持つ敷地内に入る。真っ先に視界に飛び込んできたのは、庭の中央に生える背丈ほどの木。青々とした葉をつけ、舟をこぐようにゆったりと揺れている。カレーリーフだった。

　南インドにおけるこのハーブは、これほどまでに気軽な存在なんだ。当時の日本では、生の状態ではほとんど手に入らなかったから、ここぞとばかりに旺盛に使った。炒めるときにも煮込むときにも丸のまま放り込んだ。

　いつだったか、カレーリーフの種を130粒ほどいただいたことがある。僕は130個ほどの小さな鉢を買ってきて土を入れ、種をひとつずつまいた。やがて120鉢ほどから芽が出たのは望外の結果。毎日少しずつ水をやり、120人ほどにプレゼントした。

　冬が始まるとカレーリーフは葉を落とすこともある。葉がしおれて元気がなくなることもある。だから、秋口から葉を摘むペースを上げ、頻繁に使う。それでも余ったらジンやウオッカに漬け込んでハーブ酒にする。これでカレーリーフも僕も寒い冬をしのげるのだ。

　今も作業場のベランダには、カレーリーフやこぶみかんなどハーブの鉢が並んでいて、気が向いたときに摘んで、鍋に加えている。パンダンリーフは日本の冬を越せないらしく断念しているが、ローズマリーは憎くなるほど生え散らかしている。

　ハーブを丸のまま（ホール）で使うと、穏やかにやさしく広がる香りを楽しめる。ほとんどのハーブが口に入れても噛んだり飲み込んだりすることはないから、思わぬ奇襲攻撃によっておいしさが奪われることはない。

　そんなわけで、好きなだけ使えばいいと僕は思う。途中で香りが出すぎるようなら、完成する前に取り除いてもいい。仕上がったカレーソースの中で紅一点ならぬ緑一点、異彩を放つ姿は美しい。盛りつけのときは目立たせたくなってしまう。そういえば、キッチンの窓を開けてカレーを煮込んでいたら、庭にあるローリエの木から葉が1枚、鍋の中に舞い降りたなんて思い出話を聞いたことがある。「カレーの天使じゃあるまいし」とツッコミながら、窓の外を眺めている。

-HERB CURRY-

METHOD

-4-

ハーブをそのまま入れる

Whole Herb

Whole Herb Curry

ココナッツチキン × カレーリーフ
のハーブカレー

シンプルなチキンカレーに
カレーリーフの香ばしい香りを閉じ込めました。
カレーリーフは知っておくべき人気ハーブのひとつ。
熱した油をハーブにかけることで、香りが立ちます。

材料（3〜4人分）

鶏もも肉（一口大に切る）──500g
長ねぎ（3cm幅に切る）──2本
にんにく（みじん切り）──1片
しょうが（せん切り）──2片
カレーリーフ──20〜30枚（2枝）
カレー粉──大さじ2
塩こうじ（塩分濃度約10％のもの）──大さじ2と1/2
ココナッツミルク──200mℓ
植物油──大さじ3

| 使ったハーブ：カレーリーフ |

数年前から人気が出てきたカレーリーフ。
その名の通り、カレーのような香りがする葉
で、鉢植えて簡単に育てられる。市販はド
ライのものが多いので、育ててみては。

ホールハーブカレーの基本工程

1. 炒める　肉をこんがりと焼いて香ばしさを出し、
香味野菜をさっと炒めて香りを出す。

↓

2. 煮る　水やココナッツミルクを加えて煮る。
素材に火が通るまでさっと煮る程度でよい。

↓

3. ハーブを加える　香りをつけるためのハーブなので、
細かく刻んだりせずにそのまま加える。
ハーブを入れてから煮る場合もある。

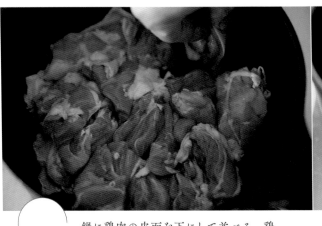

1 鍋に鶏肉の皮面を下にして並べる。鶏肉を焼くときは皮面からと覚えておこう。

2 強火にかけて皮がこんがりしたら裏返して全体を炒める。裏面はさっとでよい。

5 全体を混ぜ合わせる。カレー粉と香味野菜を鶏肉に絡ませるイメージで。

6 塩こうじを加えて炒め合わせる。塩味とコクの両方が加わって深みのある味に。

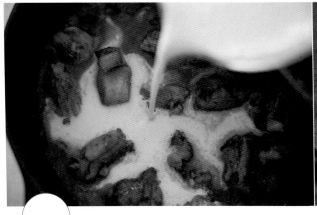

9 ココナッツミルクを注いで煮立てる。

10 ふたをして弱火で5分ほど煮る。

3 　長ねぎ、にんにく、しょうがを加えてざっと炒め合わせる。

4 　カレー粉を加える。カレー粉はお好みのものでよい。

7 　水100mℓを注ぐ。

8 　混ぜながら煮立てる。

11 　カレーリーフを表面にまんべんなくのせる。このとき、鍋中をかき混ぜないように。

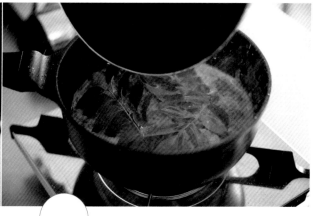

12 　別の小さなフライパンに植物油を熱々に熱し、鍋の表面のカレーリーフめがけて注ぎ入れ、全体をざっと混ぜ合わせる。これで香ばしい香りが立つ。必要なら塩で味を調整する。

バターチキン × レモングラス
のハーブカレー

バターと生クリームが入ったまろやかなカレーに
レモングラスでさわやかな香りをプラス。
ヨーグルトの酸味もきかせます。

その名の通りレモンの香りがするハーブで、茎に強い香りがある。茎は入手しにくいため、冷凍を購入するか、自分で育てるのもオススメ。麺棒などでたたきつぶすと香りがよく出る。

材料（3〜4人分）

鶏もも肉（一口大に切る）──500g
しょうが（せん切り）──2片
レモングラス（茎・たたきつぶす）──3本
カレー粉──大さじ2
薄口しょうゆ──大さじ2強
トマトピューレ──150g
プレーンヨーグルト（無糖）──100g
バター──40g
生クリーム──200mℓ

作り方

❶ 鍋に鶏肉の皮面を下にして並べ、強火にかけて皮がこんがりしたら裏返し、全体を炒める。

❷ しょうがを加えてざっと炒め合わせ、カレー粉と薄口しょうゆを加えて炒め合わせる。

❸ トマトピューレとヨーグルトを加えて a 混ぜ合わせ、レモングラスを加えて b ふたをして弱火で10分ほど煮る。

❹ バター、生クリームを加えて c さっと煮る。必要なら塩で味を調整する。

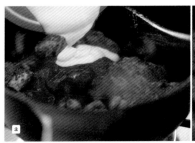

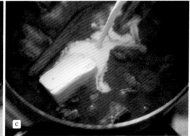

鶏手羽中 × パンダンリーフ
のハーブカレー

東南アジアやインド料理には欠かせないパンダンリーフ。
オーソドックスなカレーに加えるだけで、
現地の料理のような味わいを楽しめます。

使ったハーブ：パンダンリーフ

別名ニオイタコノキとも呼ばれ、ジャスミンライスのような香りが特徴。結び昆布のように2〜3枚を結んで煮込むとよい。

材料（3〜4人分）

鶏手羽中----20本（500g）
長ねぎ（小口切り）----2本
にんにく（すりおろす）----2片
しょうが（すりおろす）----2片
パンダンリーフ（2〜3枚をまとめて結ぶ）----10枚
植物油----大さじ4
カレー粉----大さじ2強
塩----小さじ1強
ココナッツミルク----100㎖

作り方

❶ 鍋に植物油を熱して長ねぎを入れ、こんがりキツネ色になるまで炒める a 。

❷ にんにく、しょうが、水100㎖を加えて水分が飛ぶまで炒める。

❸ 鶏手羽中、カレー粉、塩を加えて混ぜ合わせ、カレー粉が焦げる直前まで中火で5分ほど炒める b 。

❹ 水300㎖を注いで煮立て、ココナッツミルクとパンダンリーフを加えて c ふたをし、弱火で20分ほど煮込む。必要なら塩で味を調整する。

1本の葉柄に丸い葉が2枚くっついたような不思議な形で、バイマックルーとも呼ばれる。タイ産の輸入品が手に入りやすい。

Whole Herb Curry

牛肉 × こぶみかん のハーブカレー

コクのあるビーフカレーには
こぶみかんの葉の独特な香りがよく合います。
柑橘の香りのアクセントで、食がすすみます。

材料（3～4人分）

牛もも肉（ブロック・小さめの一口大に切る）──500g
にんにく（みじん切り）──1片
しょうが（せん切り）──1片
長ねぎ（小口切り）──2本
こぶみかんの葉──10枚
植物油──大さじ3
カレー粉──大さじ2
塩こうじ（塩分濃度約10％のもの）──大さじ2～3
砂糖──小さじ1強
プレーンヨーグルト（無糖）──200g

作り方

❶ 鍋に植物油を熱し、にんにくとしょうがを加えてさっと炒め、長ねぎを加えてほんのりキツネ色になるまで炒める。

❷ 牛肉を加えて表面全体がしっかりと色づくまで炒める a 。

❸ カレー粉と塩こうじ、砂糖を加えてさっと炒め合わせる。

❹ ヨーグルトを加えて混ぜ合わせ、水150mℓを注いで煮立てる。こぶみかんの葉を加え b 、ふたをして弱火で20分ほど煮込む。必要なら塩で味を調整する。

豚肉 × ローズマリー
のハーブカレー

洋食の煮込みにもよく使われるローズマリー。
トマトとの相性がよいので、
トマトベースのやや酸味のあるカレーに加えました。

材料 (3 ～ 4 人分)

豚バラ肉 (ブロック・1cm幅に切る)
　……400g
にんにく (みじん切り)……1片
しょうが (せん切り)……1片
長ねぎ (小口切り)……2本
ローズマリー……3本
植物油……大さじ2
カレー粉……大さじ2
塩……小さじ1と1/2
トマトピューレ……150g
マーマレード (またはマンゴーチャツネ)……小さじ2

作り方

❶ 鍋に植物油を熱し、にんにくとしょうが、
　長ねぎを加えてさっと炒める。
❷ 豚肉を加えてさっと炒め合わせる。
❸ カレー粉、塩を加えて炒め合わせる。
❹ 水250mℓを注いで煮立て、トマトピュー
　レとマーマレード、ローズマリーを加えて
　ふたをし、弱火で10分ほど煮る。

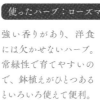
使ったハーブ：ローズマリー

強い香りがあり、洋食
には欠かせないハーブ。
常緑性で育てやすいの
で、鉢植えがひとつある
といろいろ使えて便利。

種類が豊富だが、料理にはコモンタイムがよく使われ、鉢植えでも気軽に育てられる。フレッシュもドライもどちらもよく使われる。

Whole Herb Curry

ラム肉 × タイム
のハーブカレー

肉の臭みを取るといわれるタイムを
ややクセのあるラム肉のカレーに使いました。
レーズンの甘みと酸味ともよく合います。

材料（3〜4人分）

ラムチョップ⋯500g
【マリネ用】
　・レモン汁⋯1個分
　・長ねぎ（1cm幅の小口切り）⋯2本
　・にんにく（みじん切り）⋯2片
　・カレー粉⋯大さじ2強
　・塩⋯小さじ1
　・砂糖⋯小さじ1強
レーズン⋯25g
タイム⋯3枝
植物油⋯大さじ3

下準備

ラムチョップは骨と肉を分けるように切り、肉とマリネ用の材料を混ぜ合わせ、できれば一晩おく。骨も使うので取っておく@。

作り方

❶ 鍋に植物油を熱し、ラム肉をマリネ液ごと加えてしっかり炒める。

❷ レーズン、ラム肉の骨、タイムⓑ、水400mlを加えて煮立て、ふたをして、弱火で30分ほど煮込む。必要なら塩で味を調整する。

ハーブカレー誕生のヒント

［ドライ編］

トルコ・イスタンブールを訪れたときのことを思い出す。

ケキッキという名の奇妙なハーブを市場で目撃した。紳士の持つステッキのようでもあるし、パスタのフジッリのようでもあるし、晴れた日に鉛筆を走らせるスケッチのようでもあるし、当たり前だけれど、そのどれでもない。

黄緑色をした毛玉のような小さな丸は、葉が開く前の状態で摘んだものらしい。市場なら至る所で売っていて、オレガノと説明しているものがあれば、タイムと説明しているものもある。どちらでもない可能性もあるが、香りはオレガノだ。

トルコでは、食堂にもレストランにもケバブ屋にもケキッキが置いてある。ジュウジュウと焼かれたケバブを前に、ケキッキを手に取り、両手のひらでよくもんでパラパラとふりかける。それだけのことでひと香りもふた香りも違って感じられるのだ。

ドライハーブがカレーに及ぼす影響は、フレッシュなものほど鮮烈ではない。鈍くわかりにくいが、入れると入れないとではまるで違う。「A＋B＝AB」ではなく、「A＋B＝C」となるような説明しがたい香りを生み、カレーをおいしくしてくれる。

手でもんで鍋に加えるドライハーブの代表格は、カスリメティ（フェヌグリークリーフ）なのかもしれない。フライパンで乾煎りし、キッチリ脱水して乾燥させれば、手でもんだときにきれいな粉末になる。"電動ミル"ならぬ"手動ミル"と名づけておきたい。

香りを確かめたければ、ハーブ投入後の鍋中に顔を突っ込むよりも、もんだ手のひらで顔を覆い隠すほうがいい。はい、軽く深呼吸。アーシー（Earthy）かつウッディ（Woody）な香りの奥にフローラル（Floral）な風が吹いたかな。

そういえば、イスタンブールの食堂には、ドライミントも必ずといっていいほど置いてあった。トルコ人はドライハーブの生み出す香りの妙をすでに知っていて、身近な存在として活用しているのである。

ハーブを乾燥させる行為は、もともとは長持ちさせるためだったんじゃないだろうか。ところが、思いのほか香りもいいことに気がつく。ラッキーな副産物。ただカスリメティのように生より乾燥させたほうが強い香りを発するハーブもある。

イスタンブールの街に背を向けるようで気が引けるが、カレーにドライハーブを使うときにはパラパラふりかけるだけでは残念だ。温かい油と絡め合わせながら炒めたり、グラグラと煮込んだりしてほしい。魔術師にでもなった気分でね。

METHOD

-5-

ドライハーブを入れる

Dried Herb

ほうれん草 × カスリメティ のハーブカレー

使ったハーブ：カスリメティ

インド料理でよく使われるスパイス、フェヌグリークの葉の部分を指す。マメ科の植物で、茶葉のような香ばしく甘い香りがする。

ドライハーブの王様として、
日本のカレー業界でも注目度が高まっている
カスリメティを使ったベジタブルカレー。
乾煎りし、手でもんで入れると香りが立ちこめます。

材料（3〜4人分）

ほうれん草──1束（200g）
じゃがいも（一口大に切る）──3個（400g）
にんにく（みじん切り）──2片
長ねぎ（小口切り）──1本
カスリメティ（ドライ）──1/2カップ（5g）
オリーブ油──大さじ3
カレー粉──大さじ2
塩──小さじ1強
砂糖──小さじ2

ドライハーブカレーの基本工程

1. 炒める
長ねぎをほんのり色づくまで炒め、
その他の野菜も加えてさっと混ぜ合わせる。

↓

2. 煮る
水分を加えて野菜がやわらかくなるまで煮る。
この章のカレーは野菜のみで作れるので
煮る時間もさらに短くてよい。

↓

3. ハーブを加える
ドライハーブは最後にふり入れ、香りを立たせる。
場合によっては炒める際に入れることも。
乾煎りして手でもむとさらに香りが立つ。

1 鍋にオリーブ油を熱し、にんにくと長ねぎを入れる。

2 長ねぎがほんのり色づくまで炒める。ねぎの香ばしさと甘みが立つ。

5 全体をよく混ぜ合わせる。

6 水200mlを加えて煮立て、ふたをして弱火で10分ほど煮る。

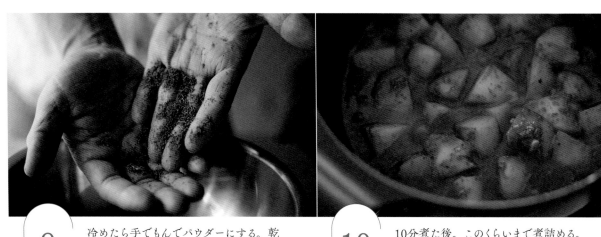

9 冷めたら手でもんでパウダーにする。乾煎りしてもむと粉々になり、さらに香りがよくなる。

10 10分煮た後。このくらいまで煮詰める。

3 じゃがいもを加えてさっと炒める。香味野菜を絡めるイメージで。

4 カレー粉と塩、砂糖を加える。カレー粉はお好みのもので。

7 ほうれん草をさっとゆでてざるに上げ、粗熱を取ってざく切りにして水気を絞り、ハンドブレンダーでペースト状にする。

8 カスリメティを乾煎りする。こうすることで香りを立たせ、蒸気を抜いてカラッとさせる。焦がさないように注意。

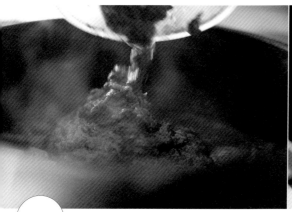

11 ほうれん草のペーストを加える。

12 カスリメティを加えてさっと煮る。必要なら塩で味を調整する。

材料（3〜4人分）

かぼちゃ（小さめの乱切り）……1/4個（300g）
ミニトマト（半分に切る）……15個（300g）
オクラ（斜め半分に切る）……15本（100g）
長ねぎ（小口切り）……1本
にんにく（すりおろす）……1片
しょうが（すりおろす）……1片
ディル（ドライ）……小さじ2弱
植物油……大さじ3
カレー粉……大さじ2
塩……小さじ1/2
薄口しょうゆ……大さじ1強

作り方

❶ 鍋に植物油を熱し、長ねぎを入れてキツネ色に
　なるまで炒める。

❷ にんにくとしょうが、水100mlを加えて、水分が
　飛ぶまで炒める。

❸ かぼちゃを加えて混ぜ合わせ、カレー粉、塩、
　薄口しょうゆを加えて炒める。

❹ 水100mlを注いで煮立て、ふたをしてかぼちゃ
　がやわらかくなるまで弱火で5分ほど煮る。

❺ ミニトマトとオクラを加え、ふたをして5分ほど
　煮る。ディルを加えてさっと煮る。必要なら塩
　で味を調整する。

使ったハーブ：ディル

北欧料理でよく使われるディ
ル。生の葉を使うことが多い
が、乾燥したものも市販され
ている。種をスパイスとして
利用することも多い。

Dried Herb Curry

夏野菜 × ディルのハーブカレー

かぼちゃ、トマト、オクラといった夏野菜に清涼感のあるディルを合わせました。
隠し味に薄口しょうゆを加えてあっさりと。

Dried Herb Curry

きのこ × オレガノ
のハーブカレー

たくさんのきのこを、バターとカレー粉で
蒸し煮にしたサブジ風おかず。
ちょっとした副菜やつけ合わせに。

材料 (3 〜 4 人分)

まいたけ (小房に分ける)──3パック (300g)
しいたけ (軸を落として斜め薄切り)──12個 (200g)
エリンギ (斜め薄切り)──2パック (200g)
にんにく (みじん切り)──1片
しょうが (せん切り)──1片
オレガノ (ドライ)──小さじ1強
塩──小さじ1と1/2
バター──40g
カレー粉──大さじ2弱

作り方

❶ 鍋にまいたけ、しいたけ、エリンギ、
塩を入れてふたをし、中火できの
こがクタッとなるまで10分ほど蒸し煮
にする。

❷ ふたを開けてにんにく、しょうが、バ
ター、カレー粉、オレガノを加えて
強火で煮詰める。

使ったハーブ：オレガノ

フレッシュよりもドライにした
ほうが香りが立つともいわれ
るオレガノ。クセはないもの
のややピリッとした香りがい
いアクセントになる。

使ったハーブ：バジル

北海道のスープカレーには必ずといっていい
ほどよく入っているドライバジル。カレー粉と
一緒に炒めて香りを出すのがポイントです。

Dried Herb Curry

冬野菜 × バジル
の スープカレー

かぶやカリフラワーなどの冬の白い野菜を使い、
さらっとしたスープ仕立てに。
みずみずしい野菜の甘みをいただきます。

材料（3 〜 4 人分）

かぶ（縦8等分に切る）──大2個（200g）

カリフラワー（小房に分ける）──1/2個（200g）

長ねぎ（3cm幅に切る）──1本

にんにく（みじん切り）──1片

しょうが（せん切り）──2片

バジル（ドライ）──大さじ1

乾燥エビ──3g

植物油──大さじ3

カレー粉──大さじ2

ブイヨン（または水）──600㎖

ナンプラー──大さじ2

砂糖──小さじ2

作り方

❶ 鍋に植物油を熱し、にんにくとしょうがを加えて
　炒める。

❷ カレー粉とバジルを加えて ⓐ さっと炒め、ブイヨ
　ンを注いで煮立てる。

❸ かぶ ⓑ 、カリフラワー、長ねぎ、乾燥エビ、ナ
　ンプラー、砂糖を加え、ふたをして20分ほど煮
　る。必要なら塩で味を調整する。

材料 (3 〜 4 人分)

ひよこ豆(水煮)──1缶(固形量230g)

レッドキドニー豆(水煮)──1缶(固形量230g)

長ねぎ(小口切り)──2本

にんにく(すりおろす)──1片

しょうが(すりおろす)──1片

カスリメティ(ドライ)──1/2カップ弱(4g)

植物油──大さじ3

カレー粉──大さじ2

塩──小さじ1と1/2

プレーンヨーグルト(無糖)──200g

下準備

カスリメティを乾煎りし、手でもんでパウダーに
しておく(p.96〜97参照)。

作り方

❶ 鍋に植物油を熱し、長ねぎを入れてキツネ
色になるまで炒める。

❷ にんにくとしょうが、水100mℓを加えて水分が
飛ぶまで炒める。

❸ ひよこ豆とレッドキドニー豆を加えて混ぜ合わ
せ、カレー粉と塩を加えてさっと炒める。

❹ ヨーグルトを加えてさっと煮て、カスリメティ
を加えて混ぜ合わせる。

Dried Herb Curry

ひよこ豆 × カスリメティ
のハーブカレー

甘みのある豆を引き立てるハーブとして、香りのいいカスリメティを合わせました。
ヨーグルトが絡んでまったりしたおいしさ。

Dried Herb Curry

ポテトエッグ ×
ミックスハーブ
のカレー

まるで、カレー味のポテサラ。
洋風のミックスハーブとカレー粉を合わせ、
大人っぽい味に仕上げました。

使ったハーブ：エルブ・ド・プロヴァンス

バジル、オレガノ、ローズマリーなど複数の
ドライハーブをミックスしたもの。名前の通り、
南仏プロヴァンス地方でよく使うハーブ。

材料 (3 ～ 4 人分)

じゃがいも（4等分に切る）――4個（400g）
ゆで卵（粗くつぶす）――8個
にんにく（みじん切り）――1片
しょうが（せん切り）――1片
長ねぎ（小口切り）――1本
ミックスハーブ（エルブ・ド・プロヴァンス）
　――小さじ2強
オリーブ油――大さじ2
カレー粉――大さじ2
塩――小さじ1/2
砂糖――小さじ1
マヨネーズ――大さじ3
レモン汁――1個分

作り方

❶ 鍋にオリーブ油を熱し、にんにくとしょうがを入れてさっと炒める。

❷ 長ねぎを加えてさっと炒め、じゃがいもを加えて炒め、カレー粉と塩、砂糖を加えて混ぜる。

❸ 水200mlを注いで煮立て、ふたをしてじゃがいもがやわらかくなるまで煮る。

❹ ふたを開けてじゃがいもをつぶしながら煮詰め a 、ゆで卵とマヨネーズ b 、レモン汁、ミックスハーブを加えて c ざっと混ぜ合わせる。必要なら塩で味を調整する。

ハーブカレー誕生のヒント

［フライ編］

フランス・パリを訪れたときのことを思い出す。

友人が薦めるレストランで、魚料理のトッピングにセージが使われていた。ただのセージではない。油で素揚げにされているのだ。さすがの（?）僕も、「おお」と低い声で唸ったね。ハーブをフライにする。その手があったか。

セージというハーブはそれほど使い勝手がいいものではない。気軽に口に入れるようなハーブではないし、刻んだりペーストにしたりするにもあまり適していない。そこへきて、素揚げ。これならパリッ、モグモグと食べてしまえる。

油で揚げればハーブの香りは損なわれる。その分、新しい食感とパンチ力ある味わいに巡り合えるのだ。クセの強いハーブがほのかに香る状態に仕上がるのもいい。「それがカレーにどう関係するんだ」って？ まあ、待ちたまえ。

話はタイへ飛ぶ。数年前、どこかの情報メディアが「世界一おいしい料理」にタイのゲーン・マッサマン（マッサマンカレー）を選んだことで話題になった。イスラム教徒が生み出したリッチで濃厚な料理の作り方を習ったことがある。

他の各種ゲーンにもみられるように、クロックという石臼を使ってさまざまな素材をすりつぶすのだが、ひとつだけ他と違うことをする。すりつぶす前にすべての素材を油で揚げるのだ。香味が高音、うまみが低音を奏でるハーモニーとなる。

そうか、大量のハーブを油で揚げ、ミキサーにかければ、おいしい"ハーブカレーの素"ができそうじゃないか。メインの食材に絡めたり、ココナッツミルクと一緒に煮込んだりしたら、誰も知らないハーブカレーに出合えそうじゃないか。

……なぁんてことは、現在、僕の頭の中で妄想しているだけのものである。すなわち、ハーブカレーの手法としてまだ確立されているわけではない。うまくいく確信はある。揚げ物のおいしさは誰もが知っているものだから。

バジルなんかは抜群に適している。カレーリーフもいい。青じそも面白そうだ。あ、もちろん冒頭のセージもね。フライをペーストにしなくても、フライのホールのまま加えるのもいい。フライとノンフライを合わせて使うとか……。

要するにハーブカレーは、まだまだいくらでも新しい楽しみを見いだせそうな料理である。今日から僕は"ハーブ警察"になろう。物見塔に登ってグルグルと巡回し、ハーブの新しい可能性を見つけたら、すぐさまハーブカレーに応用してみよう。

-HERB CURRY-

METHOD

-6-

ハーブの活用法とレシピ

How to use Harb

ハーブをドライにする

ハーブの香りを最も長い間キープしようと思ったら、乾燥させるに限ります。天日干しじゃなくても新聞紙の上に広げて比較的乾燥した場所に放置したり、ネットに入れてベランダに吊るしたり。気づいたころにはカラッとドライな状態になっています。乾燥したハーブは、フレッシュのときと香りが変化するのも楽しい。密閉容器や袋で保存してください。

ハーブを冷凍する

最も簡単にハーブを保存するなら、冷凍がオススメ。袋に入った状態でも容器に入れた状態でも、とにかく何も考えずに冷凍庫に入れるだけ。3か月でも半年でも持ちます。ただし、冷凍庫から出したら一気に使い切るほうがよい。冷凍状態のハーブは手でもむとパラパラになるし、ミキサーでペーストにもしやすい。もちろん、そのまま鍋に加えても大丈夫。

ハーブオイルを作る

ハーブを使って油に香りを移す方法として非常に優秀なのが、ハーブオイルです。作り方も優秀。だって、油にハーブを漬け込むだけですから。ボトルのキャップを開けて水気を完全に取ったハーブを滑り込ませる。1週間ほどすればハーブの香りは出てきます。1か月も経過したら香りは十分。ハーブを取り除いてもOK。常温でも大丈夫ですが、冷蔵保存のほうがベター。

写真左から、イタリアンバジル、ホーリーバジル、花&みかん、カフィアリーフ&パンダンリーフ、タイム&ローズマリー。

ハーブティーを作る

ハーブティーと聞いただけで、なんだかお洒落な響きで気持ちが豊かになる気がしませんか？ 気持ちだけでなく、胃も豊かになります。ハーブティーは紅茶にフレーバーをつけたようなものもありますが、単純にハーブに熱湯をかけただけのものが多いんです。好きなハーブ、余ったハーブを適当にポットに入れ、熱湯を注いで数分。あっという間に作れます。

　写真のハーブはレモングラス、ミント、ローズマリー。

ハーブソルトを作る

あまり知られていない手法ですが、僕は大好きでよくやります。カラッと乾燥したハーブと塩でハーブソルトができ上がり。ドライハーブを手でもんでパラパラにしてボウルに入れた塩とよく混ぜ合わせるだけ。ハーブと塩の比率はお好みで。塩を使って何かを作るときに、代わりにこのハーブソルトを使うだけで、普段の料理が未知のおいしさに変身します。

写真のハーブはドライバジル。かたい茎は取り除く。

ハーブ酒を作る

ハーブオイルの親戚のような手法ですが、アルコールにはハーブの香りがよく溶け出します。特にジンやウオッカ、ラム、ウイスキー、焼酎などの蒸留酒がオススメ。ボトルのキャップを開けて水気を完全に取ったハーブを滑り込ませる。1週間ほどすればハーブの香りはよく出てきます。1か月も経過したら香りは十分。ハーブを取り除いてもOK。飲みすぎにはご注意を。

写真左から、ウオッカ＋オレガノ＆イタリアンバジル、ジン＋アップルミント＆ワイルドフェンネル、ウオッカ＋カモミール＆ローズマリー、ジン＋ホーリーバジル＆レモンタイム。

「ザ・ハーブズメン」が教える

ハーブのとっておきレシピ

2021年に結成し、千葉県四街道市の畑でハーブを使った料理を研究し続けている
「ザ・ハーブズメン」（詳しくはp.124〜）。メンバーたちの渾身のレシピを紹介します。

ハーブディップ

余ったハーブをナッツやにんにくと一緒にペーストにしたディップ。ハーブ、ナッツ、オイルを同量ずつと覚えておくと便利です。パンや焼いた肉、じゃがいもなどにのせて。

*レシピ制作：水野仁輔

材料（作りやすい分量）

ハーブ（ワイルドフェンネル、
　スペアミント、パクチーなど）
　──合わせて50g
ミックスナッツ（アーモンド、
　カシューナッツ、マカダミアナッツ、
　くるみなど）──合わせて50g
にんにく──1片
オリーブ油──50g
レモン汁──1個分
塩──5g

作り方

材料すべてを合わせ、ハンドブレンダーやミキサーでペーストにする。ハーブやナッツは好みのものでよい。

ハーブオイル

オイルにハーブを漬け込むのはp.112で紹介しましたが、ここではもっとハーブの香りが高い、極上のオイルを紹介します。色もきれいなので、器に盛られた料理にたっぷりと回しかけましょう。

＊レシピ制作：内藤千博

オイルはレシピのハーブのほか、
こぶみかんやローリエ、ルーなど好みのハーブで作れる。

材料（作りやすい分量）

ハーブ（バジル、ミント、
　　イタリアンパセリなど好みで）……50g
太白ごま油……100〜150mℓ
　　（ハーブの2〜3倍量）

作り方

❶ ハーブは熱湯でさっとゆでて氷水に取る。ゆでて氷水で締めると色鮮やかなオイルができるが、ゆでなくてもよい。ざるに上げて水気をきり、ペーパータオルで水気をしっかり拭く。

❷ ミキサーに①と太白ごま油（香りのない油ならなんでもOK）を入れて撹拌する。油の量が多いほうがミキサーにかけたときに回しやすい。

❸ ペーパータオルでこす。清潔な容器に入れて、冷蔵庫で1週間ほど保存可能。保存容器に入れて冷凍も可。

◎カプレーゼやパスタに、いろいろなサラダに、オリーブ油代わりに回しかける。

ファーベのソテー スペアミントあえ

ファーベとは、皮ごと食べられるイタリアのそら豆。
甘みがあってやさしい味の春の豆には、
清涼感のあるミントがよく合います。

*レシピ制作：クリタタカシ

材料（作りやすい分量）

ファーベ（イタリアのそら豆）──5本
スペアミント（ざく切り）──20g
塩──ひとつまみ
オリーブ油──適量

作り方

❶ フライパンを熱し、さやから出したファーベ
　を入れて皮に焦げ目がつくまで焼く。

❷ 片面が焦げたら火を止めて塩をふる。フライ
　パンを揺すって余熱で全体に火を入れる。

❸ 味見をして火が入っていたらボウルに移し、
　オリーブ油とスペアミントを加えてあえる。

春の豆とかぶとフェンネルのサラダ

甘みのあるフレッシュな緑の豆とスパイシーさもあるフェンネルは
相性抜群。ここではワイルドフェンネルという品種を使いました。

*レシピ制作：クリタタカシ

材料（作りやすい分量）

スナップえんどう──5本　　ワイルドフェンネル──10g
ファーベ──2本　　　　　　塩──2g
フルーツかぶ──1個　　　　オリーブ油──大さじ1

作り方

❶ ファーベはさやをむき、スナップえんどうはさっとゆでる*。
　スナップえんどうとフルーツかぶはファーベと同じくらいの
　サイズに切り、ワイルドフェンネルは粗く刻む。

❷ ボウルに①を合わせ、塩、オリーブ油を加えてさっと
　混ぜる。

*写真のスナップえんどうは畑でとれたてのため、生で食べてもおいし
いが、通常はゆでてから使う。ファーベもとれたてなら生食できる。

ズッキーニとバジルのオイル蒸し

ズッキーニの季節になったら必ず作るシンプルな料理。
ハーブは茎ごと入れて香りを移したら取り出し、
ズッキーニのとろっとした食感のみを味わいます。

*レシピ制作：クリタタカシ

材料（作りやすい分量）

ズッキーニ──2本
にんにく（スライス）──1片
ジェノベーゼバジル*──2枝
オリーブ油──大さじ3
塩──8g
＊ジェノベーゼバジルはイタリア料理
によく使われる、一般的な品種。

作り方

❶ ズッキーニはランダムに切
る。大きさを変えることで、
薄切りにしたものはとろけ、
大きめに切ったものは食感
が残る。

❷ 鍋にズッキーニ、にんにく、
ジェノベーゼバジル（枝ご
と）、オリーブ油、塩を入れ、
ふたをして火にかける。鍋
が熱くなったら弱火にし、ズ
ッキーニがくたっとしたらで
き上がり。バジルを取り出し
て器に盛る。

材料（作りやすい分量）

ズッキーニ（大きめ）──1本
コールラビ──1個
青唐辛子──1本
ピーナッツ──10粒
乾燥エビ──20g
パクチーの葉、花、種
　──各適量
塩──ふたつまみ
ココナッツシュガー
　（砂糖でも可）──15g
ナンプラー──20g
ライム汁──1/2個分
こぶみかんオイル*──適量

*p.115で紹介しているハーブオイル
のひとつ。こぶみかんの葉をオイルと
一緒に数分間ミキサーで攪拌して濾
す。

作り方

❶ ズッキーニとコールラビはせ
　ん切りにして塩をふり、しば
　らくおいて脱水させる。

❷ ボウルに小口切りにした青
　唐辛子、ココナッツシュガー、
　ナンプラー、ライム汁を混
　ぜてソースを作る。

❸ ①の水気をきって②のボウ
　ルに入れ、よく混ぜてソース
　をなじませる。

❹ 器に盛り、砕いたピーナッツ、
　乾燥エビ、パクチーの葉、花、
　種を散らす。仕上げにこぶ
　みかんオイルを回しかける。

ズッキーニとコールラビのソムタム

通常は青いパパイヤで作るソムタムをズッキーニとコールラビで作ってみました。
香り高いこぶみかんオイルが味の決め手です。

*レシピ制作：内藤千博

ハーブとルバーブの冷製フォー

ベルベーヌとレモンタイムはどちらもレモンの香りがするハーブ。
その香りを移し、ライムを搾った冷たいスープはさわやか。好みのハーブをトッピングしてください。
*レシピ制作：内藤千博

材料(4人分)

フォーの麺(乾燥)──50g
昆布──20g
塩──5g
ナンプラー──30g
ココナッツシュガー(砂糖でも可)──20g
ライム汁──1/2個分
ベルベーヌ(レモンバーベナ)の葉──15枚程度
レモンタイム──5～6本
トッピング
　紫玉ねぎ──1/4個
　ルバーブ、ライム、レモンタイム、アップル
　　ミント、ディル、ボリジの花──各適量

作り方

❶ 1ℓの水に昆布を一晩つけておく。鍋に移して火に
かけ、昆布ごと弱火で1時間加熱する。昆布を取り
出し、塩、ナンプラー、ココナッツシュガー、ライム
汁を加え、味を調える。ベルベーヌ、レモンタイム
を加えて5分ほど加熱し、香りを移す。鍋底を氷水
にあてて冷やしておく。

❷ 紫玉ねぎはスライスし、水にさらしておく。フォーの
麺は水でもどしてから熱湯にくぐらせ、冷水でしめる。

❸ 器に麺を盛り、冷やしたスープをかける。スライス
した生のルバーブとライム、紫玉ねぎ、レモンタイム、
アップルミント、ディル、ボリジの花を飾る。

タッブーレ （イタリアンパセリのサラダ）

中東地域、特にレバノンでよく食べられている料理で、クスクス粒を使ったフランスの「タブレ」の本家本元。イタリアンパセリが主役の香り高いサラダです。

＊レシピ制作：サラーム海上

材料 (2～3人分)

イタリアンパセリ──100g

好みのハーブ（フェンネル、スペアミント、バジルなど）──適量

ミニトマト──200g

紫玉ねぎ──1/6個

ブルグル＊（細びき）──大さじ1

レモン汁──1個分（80㎖）

A｜オレンジジュース（果汁100％のもの）──大さじ1

　　オールスパイス──少々

　　塩、こしょう──各少々

　　オリーブ油（エクストラバージン）──大さじ3

＊ブルグルとは全粒小麦をひき割りにしたもの。
トルコや中東でよく食べられている。

作り方

❶ ブルグルはレモン汁大さじ1を絡める。イタリアンパセリは細かく切り、その他の好みのハーブは葉をざく切りにする。ミニトマトは5㎜角に切る。紫玉ねぎはみじん切りにしてボウルに入れ、塩少々（分量外）をふって10分おく。水気が出てきたらペーパータオルで取る。

❷ ボウルに①を入れ、A、残りのレモン汁を加えて混ぜ合わせ、冷蔵庫で30分以上冷やす。

材料（作りやすい分量）

牛ひき肉——400g
玉ねぎ——中1個（150g）
イタリアンパセリ——100g
ピーマン——1個
パプリカ（赤・黄）——各1/6個
塩——小さじ1
こしょう——小さじ1/2
ギー（バター、牛脂でも可）——30g
ワインビネガー——大さじ2〜3

作り方

❶ 玉ねぎは2/3をみじん切りに、残り1/3を縦薄切りにする。イタリアンパセリは太い茎を除き、ざく切りにする。ピーマンとパプリカは細切りにする。

❷ ボウルに牛ひき肉、みじん切りの玉ねぎ、塩小さじ1/2、こしょう小さじ1/4を入れ、粘り気が出るまで5分ほど練る。10等分にし、直径6〜7cmの円盤形にまとめる。

❸ 底の厚い鍋にイタリアンパセリの1/3量を敷く。

❹ フライパンにギーを入れて火にかけ、ギーが溶けたら、②のキョフテを並べて、片面3分焼く。焼き色がついたら裏返し、さらに3分焼いてから、③の鍋に入れる。

❺ ④のフライパンに薄切りの玉ねぎ、塩小さじ1/2、こしょう小さじ1/4を入れ、しんなりするまで5分ほど炒める。ピーマン、パプリカを加えてさらに5分炒め、火が通ったらワインビネガー、水2/3カップを回しかけ、沸騰させる。

❻ 鍋のキョフテの上に残りのイタリアンパセリをのせ、⑤の野菜ソースを加える。ふたをして10分ほど加熱し、イタリアンパセリに火が通ったら完成。

マイダノズ・キョフテ（パセリケバブ）

トルコ南東部、シリアに近い地域でよく食べられている料理。
トルコ語でマイダノズがパセリで、キョフテは肉団子。
イタリアンパセリで肉団子を包み込み、蒸し焼きにします。

＊レシピ制作：サラーム海上

コールラビと
スティックセニョール
のサブジ

サブジとは、インド料理で野菜の蒸し煮のこと。
春先まで楽しめるコールラビとスティックセニョールを使い
みじん切りにしたアップルミントで香りづけを。

＊レシピ制作：シャンカールノグチ

材料（2〜3人分）

コールラビ──1/2個

スティックセニョール（茎ブロッコリー）──5本

トロペア（紫玉ねぎでも可）──2個

トマト──1個

アップルミント──12g

にんにく、しょうが（すりおろす）──各1片

菜種油──大さじ2

ホールスパイス

　シナモンスティック──1本
　クミンシード──小さじ1/2
　グリーンカルダモン──2個

パウダースパイス

　ターメリック──小さじ1
　レッドチリ──小さじ1
　コリアンダー──小さじ2

レモン汁──小さじ2

塩──小さじ1

作り方

❶ コールラビは縦4等分に切って横にスライスする。スティックセニョールは大きいものは縦半分に切る。トロペアはスライスする。トマトは1cm角に切る。アップルミントはみじん切りにする。

❷ フライパンに菜種油を入れ、強めの中火で温めたら、ホールスパイスを入れて香油を作る。

❸ トロペアを加えて炒め、焼き色がついてきたら、にんにく、しょうが、水大さじ2を加えて炒め合わせる。

❹ 全体がなじんできたら、中火にしてトマトを加え、崩れてくるまで炒める。

❺ パウダースパイスと水大さじ2を加えて炒め合わせる。

❻ コールラビとスティックセニョールを加えて5分ほど炒める。

❼ アップルミントとレモン汁を加えて2分ほど炒め合わせ、塩で味を調える。皿に盛り、アップルミント（分量外）を飾る。

材料（4人分）

ラムひき肉──400g

玉ねぎ──中1個

トマト──中1個

にんにく、しょうが（すりおろす）──各1片

A ｜ プレーンヨーグルト（無糖）──150g
｜ キャロブハニー（はちみつでも可）──大さじ1
｜ ローズマリーの葉（みじん切り）──12g

B ｜ クミンパウダー（ローストクミンパウダーを使用）
｜ ──小さじ2
｜ チリパウダー（カシミールチリパウダーを使用）
｜ ──小さじ1
｜ ブラックペッパーパウダー──小さじ1/3
｜ マジョラム（みじん切り）──10g
｜ 塩──小さじ1/2

揚げ油──適量

オリーブ油──大さじ3

ホールスパイス
｜ 赤唐辛子──2本
｜ クミンシード──小さじ1/3

パウダースパイス
｜ レッドチリ──小さじ1/3
｜ ターメリック──小さじ1/2
｜ コリアンダー──小さじ2
｜ ガラムマサラ──小さじ1/4

塩──小さじ1

 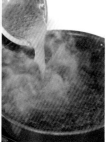

ラムコフタカレー

ラム肉を使ったコフタ（肉団子）のカレー。
ハーブとスパイスをたっぷり使い、
噛むほどに複雑な香りが口の中に広がります。

*レシピ制作：シャンカールノグチ

作り方

❶ 玉ねぎはみじん切りに、トマトは1cm角に切る。Aをよく混ぜておく。

❷ ボウルにラムひき肉とBを入れ、手にオリーブ油（分量外）を塗り、全体をよく混ぜ合わせる。混ぜ合わせたものをゴルフボールより小さめのサイズに成形する。

❸ 鍋に揚げ油を入れて180℃に熱し、②を入れて茶色くなるまで揚げる。

❹ フライパンにオリーブ油を中火で熱し、ホールスパイスを加える。赤唐辛子に焼き目がついてきたら、玉ねぎ、塩ひとつまみ（分量外）を加えて強めの中火で炒める。キツネ色になったら、にんにくとしょうがを加える。にんにくの香りが立ってきたら、トマトを加えて木べらでつぶしながら炒める。

❺ 弱火にしてパウダースパイスと水大さじ2を加え、2分ほど炒め合わせる。中火にして湯150mlを加えて煮る。グツグツと沸騰してきたら、混ぜ合わせたAを加えて中火にし、3分ほど混ぜながら煮る。

❻ ⑤に③の揚げたコフタを加えて3分ほど煮る。塩で味を調える。皿に盛って、マジョラム（分量外）を飾る。

僕はなぜ、
ハーブカレーを
開発できたのか？

ハーブカレー誕生前夜のことを振り返ってみたいと思う。

スパイスカレーのことを"スパイスカレー"と名づけたとき、
世の中にスパイスカレーはまだ存在していなかった。
たしか15年近く前のことなのに今でもはっきりと覚えている。

当時、カレールウで作るカレーを"ルウカレー"と呼んでいた。
ルウの代わりにスパイスを使うのだから、
"スパイスカレー"でいいよね。

ほんの出来心から僕はそう主張し、意外にも通ってしまった。
ルーレットの円盤が回転し、球が投げ入れられ、
僕は目を閉じた。
あれから10年たって、スパイスカレーが大流行するなんて、
全く予期できなかったことである。
そう、いつも未来は不確かだ。

僕にとって、スパイスカレーの
ルーツは、インドにあった。

スパイスカレーを開発する前に、
インドカレーを懸命に学んだ。

インドカレーの調理ステップを自分なりに整理して体系化し、
インドカレーでは用いない材料や手法をあれこれ取り入れて、
独自のジャパニーズカレーが完成。
それが僕のスパイスカレーである。

スパイスカレーだなんて、
「頭痛が痛い」みたいで変な表現、だよなぁ。
誰だ!?　こんな間違った日本語を流布しているヤツは！
一部で犯人さがし（?）が始まって、
「水野じゃない?」と誰かが言った。
以来、スパイスカレー生みの親としての取材が殺到したのだ。

僕は怖くなって、逃げ惑った。
「知りません、僕じゃありません」。
黙っていたらあのカレーはいつしか別次元のものへと成長した。

世の中のブームは別に僕が生み出し、
影響を与えたものではない。
きっとあの頃、至る所でさまざまな人が
同じことに取り組んでいたはず。
スパイスの自由さに気づき、
スパイスで作るカレーの自由さを楽しみ、
いつまでも割れることのない風船のように膨れ上がって今に至る。

そして、僕は遠くから聞こえてくる祭囃子を背中に感じながら、
さて、次はどこへ向かおうかな、
と思案しながらさすらい始めたのだ。

月日は経過し、ひょんなことからハーブカレーを開発することに──。

僕にとって、ハーブカレーの ルーツは、タイにあった。

ハーブカレーを開発する前に、タイカレーを懸命に学んだ。
タイカレーの調理ステップを自分なりに整理して体系化し、
タイカレーでは用いない材料や手法をあれこれ取り入れて、
独自のジャパニーズカレーが完成。
それが僕のハーブカレーである。

そう、仕組みや成り立ちは、スパイスカレーと同じなのだ。
タイカレーは昔から好きで、バンコクへは何度も行った。
それでも僕がタイカレーに本気になることはなかった。
まあ、焦らなくても、いつかそんな日はやってくるさ。

天からインスピレーションが降ってくることはなかったけれど、
地面から新芽が顔をのぞかせ、にょきにょきと伸びるように
僕の中でタイカレーやハーブへの興味が生まれ育っていく。
そんなときは決まって仲間を募り、喜びを膨らませたくなる。

僕は、"ザ・ハーブズメン"という ハーブ料理集団を結成した。

"ザ・ハーブズメン"は
東南アジアをはじめ、中近東、地中海、
中南米、インド亜大陸。
さまざまな地域の料理を得意とするシェフたちの集まりだ。
共通点は、「ハーブが好きで上手に使う」ってこと。
今も定期的に畑に集まり、
ハーブを摘んでは料理を作っている。

まあまあ忙しい大人たちが、毎月一度、仕事を調整する。
朝から車に乗り込み、
千葉県四街道市にある畑に集合するのだ。
晴れた青空の下、眺めのいい大地に立ち、深呼吸。
ハーブを摘んで野菜を収穫し、
一角にある小屋で思い思いに調理する。

季節によって出合えるハーブも野菜も変わるから
作る料理も違う。
メンバーはそれぞれに得意分野で腕前を披露し、
僕はハーブカレーを作る。

そう、みんなでハーブと戯れ、
僕はひとり、ハーブカレーに還元するのだ。

食事をし、語らい、他に何をするでもなく
豊かな時間を過ごし、帰る。
「贅沢なオトナの遊びだ」と周囲の人は言う。
「そんなこと言ってないで、畑においでよ」と僕らは誘う。
もう2年近く続いているだろうか。

繰り返すたびにハーブは身近になり、
アイデアは湧き出てきた。

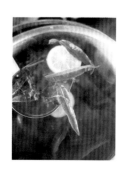

そんなこんなしているうちに、
本書は生み出されることとなった。
そして、あなたの手元に届くことになった。
なった？　なるといいな。

2023年　春　水野仁輔

水野仁輔

カレー研究家。株式会社エアスパイス代表取締役。「カレーの学校」主宰。1999年に「東京カリ〜番長」を立ち上げ、全国各地で1000回を超えるライブクッキングを実施。毎月新しいレシピ付きのスパイスセットが届く「AIR SPICE」では、コンセプト、商品、レシピ開発のすべてを手がける。カレーやスパイスに関する著書は60冊以上、自費出版で100冊以上。書籍制作について語るポッドキャスト「カレーの寺子屋」など活動の幅は広い。

撮影協力
ザ・ハーブズメン
(写真左から、社長〔SOIL&"PIMP"SESSIONS〕、シャンカールノグチ、サラーム海上、水野仁輔、内藤千博〔An Di〕、クリタタカシ〔キレド〕)

デザイン ―――― 藤田康平(Barber)
撮影 ―――――― 木村 拓(東京料理写真)
　　　　　　　鈴木泰介[p.42、p.57、p.60、p.114〜128ほかキレド撮影分]
スタイリング― 池水陽子
校正 ―――――― 安久都淳子
DTP制作 ―― 天龍社
編集 ―――――― 広谷綾子

撮影協力 ―――― キレド
　　　　　　　千葉県四街道市鹿放ヶ丘62-2
　　　　　　　https://www.kiredo.com/

やさしい！さわやか！新感覚！

ハーブカレー

2023年5月20日　第1刷発行

著者 ――――― 水野仁輔
発行者 ―――― 河地尚之
発行所 ―――― 一般社団法人 家の光協会
　　　　　　　〒162-8448　東京都新宿区市谷船河原町11
　　　　　　　電話 03-3266-9029(販売)
　　　　　　　　　　03-3266-9028(編集)
　　　　　　　振替 00150-1-4724
印刷・製本 ―― 図書印刷株式会社